Die Jäger des Tierreichs

Texte von Octavio Pintos
Illustriert von Martín Iannuzzi

Übersetzung aus dem Spanischen von Richard Schmädicke

Druck: Agpograf, Barcelona, Spanien
Hergestellt in Europa

Erschienen bei Kleine Gestalten, Berlin 2024
ISBN 978-3-96704-775-2

Die Englische Ausgabe ist unter der
ISBN 978-3-96704-776-9 erhältlich

Die spanische Originalausgabe erschien unter dem Titel
Cazadores – notas sobre cómo cazan las especies
bei Mosquito Books Barcelona

Weitere Informationen und Buchbestellungen unter
www.gestalten.com/collections/kleine-gestalten.

Bibliografische Information der Deutschen Nationalbibliothek.
Die Deutsche Nationalbibliothek verzeichnet diese Publikation
in der Deutschen Nationalbibliografie; detaillierte bibliografische
Daten sind im Internet über www.dnb.de abrufbar.

Dieses Buch wurde auf FSC®-zertifiziertem Papier gedruckt.

FSC www.fsc.org
MIX
Papier aus verantwortungsvollen Quellen
FSC® C104592

DIE JÄGER DES TIERREICHS

OCTAVIO PINTOS • MARTÍN IANNUZZI

KLEINE GESTALTEN

BEOBACHTE UND STAUNE!

Ob an Land, in der Luft oder im Wasser, einzeln oder in Gruppen, als Lauer- oder Hetzjäger – viele Tierarten mussten sich im Laufe der Zeit zu raffinierten Jägern entwickeln, um zu überleben.

So entstanden im Reich der Tiere die unterschiedlichsten Methoden, um erfolgreich Beute zu machen. Die Jagdtechniken der Tiere sind deshalb so verschieden, weil sie von vielen Faktoren wie Lebensraum, Körperbau, Sinnesorganen und Lebensweise bestimmt werden.

Auf den folgenden Seiten lernst du Tiere, die jagen, aus verschiedenen Teilen und Lebensräumen der Welt kennen. Unsere Erde beheimatet natürlich unzählige weitere Tierarten – etliche sogar noch gänzlich unentdeckte –, doch sie würden unmöglich alle in ein einziges Buch passen.

INHALT

SO FUNKTIONIERT DIESES BUCH

LEBENSRAUM
Hier wird die natürliche Umgebung vorgestellt, in der das Tier lebt.

LEBENSERWARTUNG
So alt kann das Tier werden.

GRÖSSENANGABEN
Dieses Feld gibt die Größe, die Höhe, das Gewicht oder andere messbare Eigenschaften an.

VERBREITUNGSGEBIET
Die eingefärbten Bereiche der Weltkarte zeigen an, wo das Tier überall lebt.

GRÖSSENVERHÄLTNIS ZUM MENSCH
Als Maßstab dient ein Mensch mit einer Körpergröße von etwa 1,70 Meter.

FORTPFLANZUNG
Hier wird erklärt, wie das Tier Nachkommen produziert.

JAGDMETHODE
Hier wird die spezielle Art und Weise zu jagen erklärt.

BESONDERHEITEN
Diese kleinen Texte liefern interessante Zusatzinfos über das Tier.

LEGENDE

SYSTEMATIK
(die Ordnung der Lebewesen nach ihrer Verwandtschaft)

Unterstamm
Diese Rangstufe unterscheidet Tiere nach ganz allgemeinen Merkmalen (z. B. Wirbeltiere).

Klasse
Unterstämme werden nach gemeinsamen Merkmalen in genauere Klassen eingeteilt (z. B. Säugetiere).

Ordnung
Klassen werden nach feineren gemeinsamen Merkmalen in Ordnungen unterteilt (z. B. Bären).

GEFÄHRDUNG

nicht gefährdet
Auf der Roten Liste der gefährdeten Arten ist dieses Tier nicht als gefährdet eingestuft.

gefährdet
Laut der Roten Liste der gefährdeten Arten besteht das Risiko, dass diese Art aussterben könnte.

stark gefährdet
Laut der Roten Liste der gefährdeten Arten ist dieses Tier vom Aussterben bedroht.

ART DER ERNÄHRUNG

Allesfresser
Dieses Tier ernährt sich sowohl vom Fleisch anderer Tiere als auch von Pflanzen.

Fleischfresser
Dieses Tier ernährt sich vom Fleisch anderer Tiere.

WISSENSCHAFTLICHER NAME

Das ist der lateinische Name für ein Tier oder eine Gruppe von Tieren.

LEBENSRAUM

Luft
Dieses Tier bewegt sich hauptsächlich fliegend fort.

Wasser
Dieses Tier ist in Ozeanen, Meeren, Flüssen oder Seen zu Hause.

Land
Dieses Tier bewegt sich an Land fort.

Land und Wasser
Dieses Tier kann sich sowohl an Land als auch im Wasser fortbewegen.

DER SKORPION HAT 8 BEINE UND 2 GROSSE SCHEREN.

Der Skorpion ist kein Insekt. Er zählt zu den Spinnentieren, denn er ist mit Spinnen und Zecken verwandt.

Der nachtaktive Jäger packt seine Beute mit den Scheren und durchbohrt sie mit dem Giftstachel an seinem Schwanz.

Er kann frostige Nächte überstehen und morgens wieder seines Weges gehen, als wäre nichts gewesen.

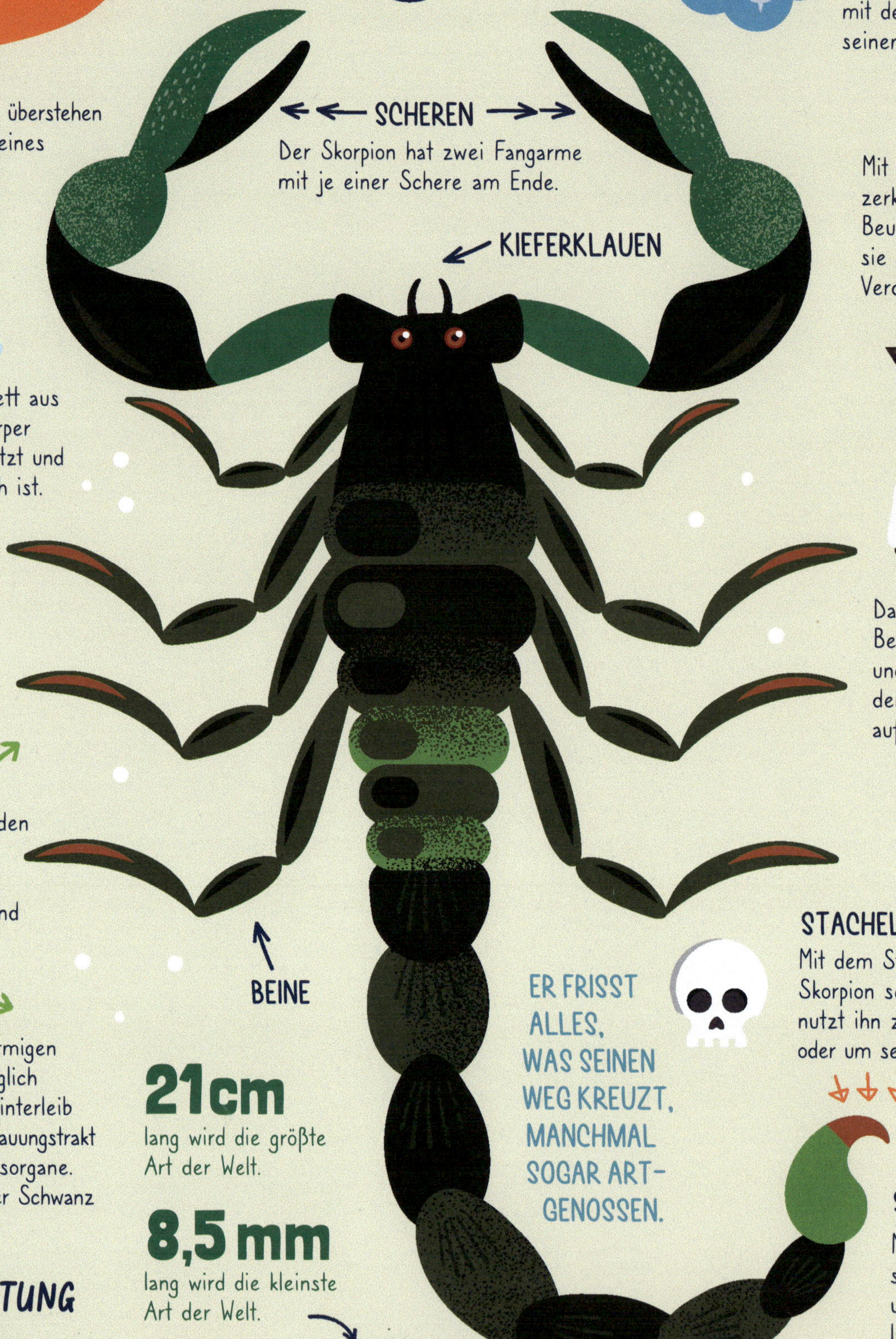

SCHEREN

Der Skorpion hat zwei Fangarme mit je einer Schere am Ende.

KIEFERKLAUEN

Mit seinen Kieferklauen zerkleinert er seine Beute und versetzt sie zugleich mit Verdauungssekreten.

Dadurch wird die Beute „zermatscht" und kann durch den Schlund aufgesaugt werden.

Er besitzt ein Exoskelett aus Chitin, das seinem Körper die Form gibt, ihn schützt und zugleich sehr beweglich ist.

VORDERLEIB

8 Beine tragen den Vorderleib. Dort befinden sich die Augen, der Schlund, das Gehirn, die Mundwerkzeuge und die Scheren.

BEINE

HINTERLEIB

Er besteht aus ringförmigen Segmenten, die beweglich verbunden sind. Im Hinterleib befinden sich der Verdauungstrakt und die Fortpflanzungsorgane. Ganz am Ende sitzt der Schwanz mit Giftstachel.

21 cm lang wird die größte Art der Welt.

8,5 mm lang wird die kleinste Art der Welt.

ER FRISST ALLES, WAS SEINEN WEG KREUZT, MANCHMAL SOGAR ARTGENOSSEN.

STACHEL

Mit dem Stachel spritzt der Skorpion sein Gift ein. Er nutzt ihn zur Verteidigung oder um seine Beute zu töten.

SCHWANZ

Manche Männchen sind schlanker und haben einen längeren Schwanz als die Weibchen.

LEBENSERWARTUNG

BIS 25 JAHRE

Je nach Art werden Skorpione 6 Monate bis 25 Jahre alt.

BIS 30 GRAMM

Sie werden selten schwerer als 30 Gramm.

ETWA 8 ZENTIMETER

Im Durchschnitt werden sie 6 bis 8 Zentimeter lang.

Skorpione gibt es seit etwa 350 Millionen Jahren. Sie lebten also schon gemeinsam mit den Dinosauriern auf der Erde, bevor diese ausstarben.

SKORPION

ER LÄHMT BEUTE MIT GIFT

Es sind über 2.000 Skorpionarten bekannt, doch nur etwa 25 bis 50 von ihnen sind so giftig, dass sie einen Menschen töten können.

Seine Färbung unterscheidet sich je nach Lebensraum. Sie kann gelb, braun, beige oder schwarz sein.

Er frisst Insekten, Spinnen, Schnecken, Eidechsen, Schlangen, kleine Nager und manchmal auch andere Skorpione.

Bei Nahrungsmangel ist er in der Lage, seinen Stoffwechsel zu verlangsamen.

So spart er viel Sauerstoff und kann von nur einem Insekt pro Jahr überleben. Selbst mit verlangsamtem Stoffwechsel ist er noch ein treffsicherer Jäger.

FORTPFLANZUNG

SKORPIONE PAAREN SICH MEIST IN DER WARMEN JAHRESZEIT.

Das Weibchen lockt Männchen mit besonderen Duftstoffen (Pheromonen) an. Ihr Paarungsritual ähnelt einem Tanz, bei dem das Männchen das Weibchen mit seinen Scheren packt.

DAS WEIBCHEN BRÜTET DIE EIER IN SEINEM KÖRPER AUS.

Bei manchen Arten dauert das bis zu 12 Monate.

Ein Wurf umfasst zwischen 1 und 100 Junge. Die jungen Skorpione klettern auf den Rücken der Mutter, wo sie bis zu ihrer ersten Häutung bleiben.

SANDIGE BÖDEN

Er kann schnell über Sand laufen und trocknet nicht aus.

STEINIGE BÖDEN

Er hat einen flachen Körper, um in Spalten und Ritzen zu schlüpfen.

UNTER DER ERDE

Er gräbt Höhlen oder verbuddelt sich und kommt nur zur Jagd oder Paarung heraus.

MEIST LAUERT DER SKORPION STILL UND REGUNGSLOS AUF BEUTE.

- Er erspürt seine Beute durch feinste Vibrationen des Bodens.
- Selbst kleinste Luftströmungen von Fluginsekten kann er erkennen.
- Mit seinem speziellen Kammorgan kann er Entfernung und Bewegungsrichtung seiner Beute bestimmen.

VERBREITUNGSGEBIET

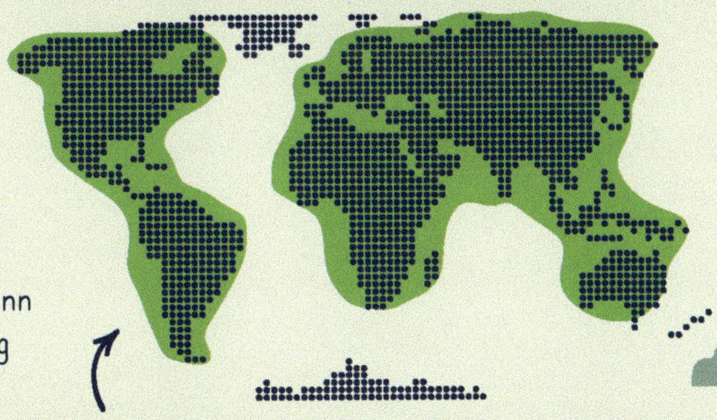

Skorpione kommen auf allen Kontinenten vor, außer in der Antarktis. Ihr Verbreitungsgebiet erstreckt sich von Amerika über Europa bis nach Afrika und Asien.

LEBENSRAUM

Wüsten, Steppen, Savannen, Grasland und Wälder der gemäßigten Klimazonen, Subtropen und Tropen

Systematik

Unterstamm: **Kieferklauenträger**
Klasse: **Spinnentiere**
Ordnung: **Skorpione**

Wissensch. Name: ***Scorpiones***
Art der Ernährung: **Fleischfresser**
Lebensraum: **Land**
Gefährdung: **nicht gefährdet**

WOLF

ER JAGT IM RUDEL

Man unterteilt Wölfe in bis zu 32 Unterarten. Sie kommen in 4 Farben vor: Creme, Grau, Rotbraun und Schwarzbraun.

Sein dichtes Fell besteht aus 2 Lagen, die Wasser und Schmutz fernhalten.

Wölfe heulen, um sich zu verständigen. So versammeln sie das Rudel zur Jagd, stärken ihre Bindung untereinander oder markieren ihr Revier. Besonders oft heulen sie abends, wenn sie zur Jagd aufbrechen.

IM SCHEIN DES MONDES KANN ER BESONDERS **GUT JAGEN.**

Die Färbung des Fells ist dem Lebensraum angepasst, damit der Wolf perfekt getarnt ist.

Der Wolf hat ein hoch entwickeltes Gehör, mit dem er sowohl höhere als auch tiefere Töne wahrnimmt als wir Menschen.

Auch sein Geruchssinn ist exzellent: Der Wolf wittert seine Beute schon lange, bevor er sie sieht.

NACHTSICHTFÄHIGKEIT

Eine reflektierende Schicht hinter der Netzhaut in seinen Augen ermöglicht es dem Wolf, selbst bei schwächstem Licht noch gut zu sehen.

BIS 13 JAHRE

LEBENSERWARTUNG

In freier Wildbahn wird er 8 bis 13 Jahre alt.

LEBENSRAUM

Verschiedene Ökosysteme wie die arktische Tundra, Wälder, Grasland oder trockene Wüstenlandschaften

BIS 1,40 METER

Sie werden etwa 1 bis 1,40 Meter lang.

BIS 70 KILOGRAMM

Wölfe erreichen ein Gewicht von 40 bis 70 Kilogramm. Weibchen wiegen etwa 20 Prozent weniger als Männchen.

Die ältesten Wolfsfossilien sind etwa 800.000 Jahre alt.

VERBREITUNGSGEBIET

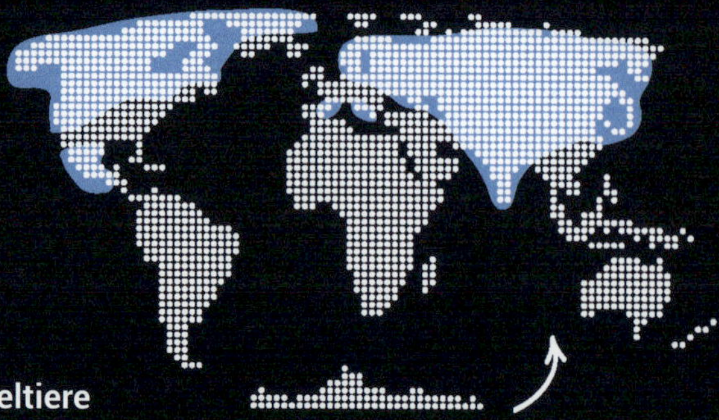

Er ist in Teilen Europas, Asiens und Nordamerikas zu finden.

FORTPFLANZUNG

Die Tragezeit bei Wölfen beträgt etwa 60 bis 63 Tage.

EIN WURF UMFASST MEIST 2 BIS 6 WELPEN.

Die Welpen wiegen bei der Geburt bis zu 500 Gramm. Sie kommen blind und taub zur Welt und sind vollständig von ihrer Mutter abhängig.

Ab dem 7. Monat gelten die Welpen als Jungwölfe, und nach 1 bis 2 Jahren verlassen sie ihr Rudel.

Systematik

Unterstamm: **Wirbeltiere**
Klasse: **Säugetiere**
Ordnung: **Raubtiere**

SEIN GEBISS IST SEHR KRÄFTIG. ES IST DARAUF AUSGELEGT, BEUTE ZU PACKEN, FESTZUHALTEN UND SICH IN IHR FLEISCH ZU BOHREN.

DER WOLF IST REVIERTREU. ER GREIFT BEUTE AUS DER DECKUNG AN ODER BETREIBT HETZJAGDEN.

Wolfsrudel bestehen meist aus Familienmitgliedern, die von den Elterntieren angeführt werden.

Er greift seine Beute von hinten an und tötet sie mit einem Biss in die Kehle, sodass sie verblutet.

Mit seinen spitzen Zähnen kann er Fleisch aus seiner Beute reißen und sogar Knochen zerbeißen.

Der Wolf ist nachtaktiv. Er jagt im Schutz der Nacht und ruht tagsüber.

Seine Beute besteht aus pflanzenfressenden Säugetieren jeder Größe. Er frisst aber auch Wildfrüchte. Pro Tag frisst er etwa 4 Kilogramm Beute.

Im Rudel herrscht eine Rangordnung. Bei Streit knurren Wölfe und fletschen ihre Zähne.

BIS 50 ZENTIMETER

Sein Schwanz misst 30 bis 50 Zentimeter.

Er hat unbewegliche Krallen, die ihm auf vielen Oberflächen Halt bieten.

ETWA 10 KM/H

Lange Strecken legt er meist trottend mit einer Geschwindigkeit von 10 km/h zurück.

Bei der Jagd erreicht er Geschwindigkeiten von bis zu 65 km/h.

Die sogenannte Violdrüse am Schwanz erzeugt einen individuellen Geruch, an dem sich die Tiere untereinander erkennen.

Dank seiner langen Beine kommt er auch in unwegsamem Terrain gut zurecht.

Seine Hinterpfoten sind größer als die Vorderpfoten.

Wissensch. Name: ***Canis lupus***

Art der Ernährung: **Fleischfresser**

Lebensraum: **Land**

Gefährdung: **teilweise gefährdet**

VERBREITUNGSGEBIET

Er kommt in allen Ozeanen und fast allen Meeren vor, manchmal sogar im Mittelmeer und als Irrgast im Roten Meer.

LEBENSRAUM

Kalte und küstennahe Gewässer

Sein Sehvermögen ist sowohl im Wasser als auch an der Wasseroberfläche ausgezeichnet. Auch sein Hör- und Tastsinn sind hervorragend.

DER RÜCKEN IST SCHWARZ. DER BAUCH UND EIN FLECK ÜBER DEM AUGE SIND WEISS ABGESETZT.

Der Schwertwal kann menschliche und tierische Laute nachahmen, neue Verhaltensweisen lernen und sogar Aufgaben lösen.

Dank Echoortung kann er die Größe und Position seiner Beute auch in lichtarmem Wasser genau bestimmen.

Die Finne ist sein Erkennungsmerkmal. Sie unterscheidet sich bei jedem Tier in Größe, Form und Anzahl der Narben.

Er hat einen großen Kiefer mit äußerst kräftigen Muskeln.

40–56 Zähne

In seinem Maul sitzen 40 bis 56 spitz zulaufende Zähne.

LEBENSERWARTUNG

BIS 30 JAHRE

Männliche Schwertwale werden im Schnitt etwa 30 Jahre alt.

BIS 55 KM/H

Sein muskulöser, stromlinienförmiger Körper macht ihn zu einem der schnellsten Säugetiere im Wasser.

ETWA 9 METER

Männchen werden bis zu 9,8 Meter lang, Weibchen bis zu 8,5 Meter.

BIS 6.600 KILOGRAMM

Männchen können bis zu 6,6 Tonnen schwer werden. Weibchen wiegen zwischen 3 und 4 Tonnen.

Wissensch. Name: ***Orcinus orca***

Art der Ernährung: **Fleischfresser**

Lebensraum: **Wasser**

Gefährdung: **lokal gefährdet**

ER HAT KEINE NATÜRLICHEN FEINDE.

100–200 kg

Ein Schwertwal kann täglich etwa 100–200 Kilogramm Nahrung vertilgen.

Sein Speiseplan variiert je nach Region. Er erbeutet Vögel, Fische und auch andere Meeressäugetiere.

Er erzeugt Laute zur Orientierung, um Beute zu orten und zur Verständigung mit Artgenossen.

- PFIFFE
- KLICKS ZUR ECHOORTUNG
- PULSIERENDE RUFE

Schwertwale jagen ihre Beute oft, bis diese erschöpft ist.

SCHWERTWALE SIND HERVORRAGENDE JÄGER, SOWOHL ALLEIN ALS AUCH IN GRUPPEN.

Der Schwertwal rammt seine Beute und tötet sie mit Bissen.

FLUKE

Durch Schläge mit seiner Fluke macht er seine Beute orientierungslos und betäubt sie.

Schwertwale lassen sich manchmal sogar absichtlich stranden, um Meeressäuger in der Brandung zu erbeuten, oder sie erzeugen Wellen, um Beutetiere von Eisschollen zu spülen.

FORTPFLANZUNG

EIN MÄNNCHEN BEGATTET MEHRERE WEIBCHEN.

Die Tragezeit beträgt im Schnitt 17 Monate. → Eine Schwertwalkuh bringt nur ein Kalb zur Welt, das etwa 200 Kilogramm wiegt und 2,5 Meter lang ist. → In den ersten 6 Monaten ist die Sterberate der Schwertwalkälber sehr hoch. Sie liegt bei **37 bis 50%.**

BAUCHFLECK

IM NORDOSTPAZIFIK GIBT ES 3 UNTERGRUPPEN:

Systematik
Unterstamm: **Wirbeltiere**
Klasse: **Säugetiere**
Ordnung: **Wale**

Ortstreue Schwertwale leben in Familiengruppen mit bis zu 5 Generationen. Ihre Finne ist an der Spitze leicht gebogen.

Wandernde Schwertwale leben einzelgängerisch oder in kleinen Gruppen. Sie sind immer unterwegs und haben eine dreieckige, spitz zulaufende Finne.

Küstenfern lebende Schwertwale bewohnen das offene Meer. Sie leben in Gruppen von bis zu 50 Tieren und sind etwas kleiner als die anderen beiden Typen.

SCHWERTWAL

ER IST EIN KREATIVER JÄGER

Er gehört zur Familie der Delfine.

ADLER

ER GLEITET LAUTLOS HERAN

Es gibt 10 Arten in der Gattung der sogenannten Seeadler, aber noch viele andere Adlerarten.

Adler zählen zu den Greifvögeln. Ein Adler geht tagsüber auf Beutefang und bevorzugt für die Jagd offene Landschaften, die gut einsehbar sind.

ER FÄNGT BEUTE, INDEM ER UNBEMERKT HERANGLEITET UND SICH PLÖTZLICH AUF SIE STÜRZT.

Sein Schnabel läuft spitz zu und ist wie ein Haken nach unten gebogen. Seine Ränder sind messerscharf.

Zusammen mit seinen scharfen Krallen kann er damit ganze Stücke aus seiner Beute herausreißen.

Mit seinen starken Krallen kann er seine Beute „erdolchen" und zu einem sicheren Fressplatz bringen.

Ein Adler ernährt sich von Aas und Tieren wie Kaninchen, Nagern, Eidechsen, Schlangen, Fischen und kleineren Vögeln.

Ein Adlermagen ist klein, deshalb frisst er pro Tag nicht mehr als ein halbes Kilogramm Nahrung.

Adler haben einen Kropf, in dem sie Nahrung speichern und vorverdauen, bis im Magen wieder Platz ist.

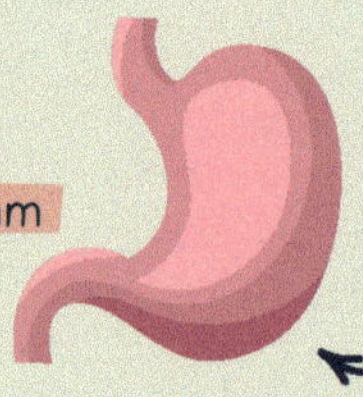

FORTPFLANZUNG

ADLER SIND MONOGAM. SIE HABEN ALSO EIN LEBEN LANG NUR EINEN PARTNER.

Zur Balz vollführen Männchen und Weibchen akrobatische Flugmanöver: die Girlandenflüge. Sie nisten in Baumwipfeln oder an steilen Felswänden und bauen ihr Nest immer wieder am selben Ort.

DAS WEIBCHEN LEGT MEIST 2 EIER.

Beide Eltern wechseln sich beim Brüten ab. Mit etwas Glück schlüpfen je nach Art nach 35 bis 45 Tagen die Küken.

Nach dem Schlüpfen füttern die Eltern ihren Nachwuchs noch etwa 3 Monate, bis die Jungtiere das Nest verlassen.

LEBENSERWARTUNG

BIS 25 JAHRE

Adler können im Schnitt 15 bis 25 Jahre alt werden.

LEBENSRAUM

Trockene, halbtrockene und felsige Gegenden mit offenen Wäldern sowie Berghänge, Schluchten und Wiesen

VERBREITUNGSGEBIET

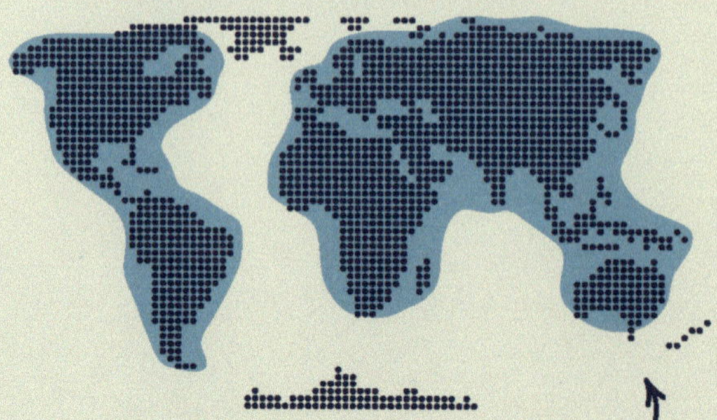

Die Greifvögel kommen in Europa, Asien, Afrika, Amerika und Australien vor.

Systematik

Unterstamm: **Wirbeltiere**
Klasse: **Vögel**
Ordnung: **Greifvögel**

Er hat ein hoch entwickeltes Sehvermögen und kann vorwärts und seitwärts besonders detailreich sehen.

Seine Sehkraft ist enorm: Er kann Beute schon aus 3 Kilometern Entfernung erkennen.

SEINE FLÜGEL SIND LANG UND BREIT.

Im Gleitflug hält er seine Flügel still und weit ausgebreitet.

BIS 90 ZENTIMETER

Der Körper eines Adlers wird je nach Art 40 bis 90 Zentimeter lang.

ÜBER 2 METER

Die größten Adlerarten erreichen Flügelspannweiten von über 2 Metern.

BIS 9 KILOGRAMM

Je nach Art werden sie 2 bis 9 Kilogramm schwer. Übrigens werden Weibchen deutlich größer als Männchen.

Der Adler markiert sein Revier durch Schreie. So warnt er Artgenossen davor, in sein Territorium einzudringen.

IM STURZFLUG ERREICHT EIN STEINADLER GESCHWINDIGKEITEN VON BIS ZU 320 KM/H.

ADLER FLIEGEN IN HÖHEN VON BIS ZU **3.000 METERN** ÜBER DEM MEER.

GEFIEDER

Die Oberseite des Fischadlers ist zum Beispiel dunkler, damit er gut getarnt ist. Die Unterseite ist heller, damit er im Himmel weniger auffällt.

MIT SEINEN FÄNGEN KANN ER BEUTE SCHLAGEN, DIE 4-MAL SCHWERER IST ALS ER SELBST.

An den muskulösen Beinen sitzen Füße mit langen, spitzen Krallen.

Je nach Art kann das Gefieder dunkelbraun, grau oder weiß sein.

Durch den markant abgerundeten Schwanz sind viele der Echten Adler im Flug leicht zu erkennen.

Wissensch. Name: **_Haliaeetus_**

Art der Ernährung: **Fleischfresser**

Lebensraum: **Luft**

Gefährdung: **einige Arten stark gefährdet**

EISBÄR

ER JAGT IM EISIGEN NORDEN

Forschende wissen von insgesamt 19 Populationen in 5 verschiedenen Regionen der Arktis.

Ebenso wie andere Bären kann der Eisbär über kurze Distanzen aufrecht stehen und sogar gehen.

Er kann blitzschnell zuschlagen: Wenn ein Beutetier zum Luftholen auftaucht, packt er es mit seinen Pranken.

Seine Augen sind braun. Ein Extrahäutchen schützt sie vor Schneeblindheit.

Systematik

Unterstamm: **Wirbeltiere**
Klasse: **Säugetiere**
Ordnung: **Raubtiere**

Der Eisbär kann Robbenjunge dank seines Geruchssinns selbst in ihren Verstecken unter dem Eis aufspüren.

VERBREITUNGSGEBIET

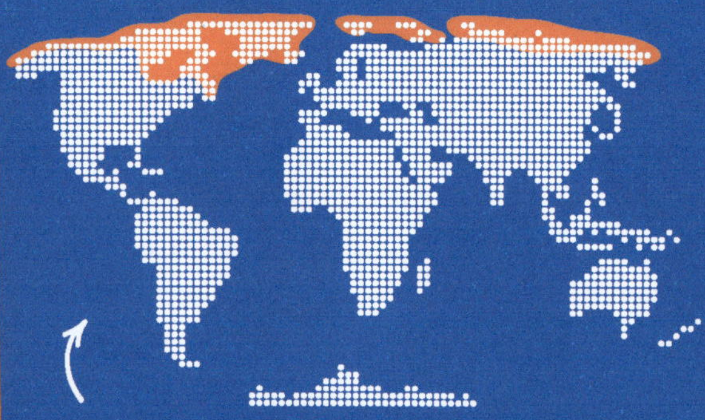

Er kommt nur in der Arktis vor, also in Teilen von Kanada, Alaska, Grönland, Island, Russland und in Spitzbergen (Svalbard).

Je nach Licht kann das Fell gräulich, weiß oder gelblich erscheinen.

Er hat Schwimmhäute. Seine Pfoten sind perfekt zum Schwimmen und Laufen langer Strecken ausgelegt.

LEBENSRAUM

Arktische Meereisregionen, im Sommer auch an Rändern von Treibeis oder in der Tundra und Taiga auf dem Festland

An den Tatzen hat er dicke, 9 bis 15 Zentimeter lange Krallen, damit er im Eis niemals den Halt verliert.

Wo er lebt, erreichen die Temperaturen im Winter bis zu -50 Grad Celsius und selbst im Sommer nur 0 Grad Celsius.

Auf seinem Speiseplan stehen Ringel- und Bartrobben, junge Walrosse, Seevögel und Fische.

Sein Biss ist stärker als der eines Weißen Hais, eines Königstigers oder eines Löwen.

Er kann Eisberge erklimmen, die uns unbezwingbar erscheinen.

FORTPFLANZUNG

Die Paarungszeit reicht von April bis Mai.

7 bis 9 Monate später bringt das Weibchen meist 2 Junge zur Welt.

Die Jungen wiegen bei der Geburt etwa 600 Gramm und sind um die 30 Zentimeter lang.

Sie bleiben 2 bis 3 Jahre bei der Mutter.

LEBENSERWARTUNG

BIS 30 JAHRE

Frei lebende Eisbären werden maximal 25 bis 30 Jahre alt.

BIS 1.000 KILOGRAMM

Männchen werden 300 bis 1.000 Kilogramm schwer.

BIS 3 METER

Die Tiere werden 1,8 bis 3 Meter groß. Weibchen sind mit rund 2 Metern etwas kleiner.

Auf Nahrungssuche kann es vorkommen, dass ein Eisbär auf einer Eisscholle weit abdriftet.

Wenn im Sommer das Eis schmilzt, zehrt das Raubtier von seinen angefutterten Fettreserven.

Die Haut unter seinem Fell ist schwarz, damit sie schneller von der Sonnenstrahlung aufgewärmt wird.

Er kann bis zu 10 km/h schnell schwimmen.

Wissensch. Name: ***Ursus maritimus***

Art der Ernährung: **Fleischfresser**

Lebensraum: **Wasser und Land**

Gefährdung: **gefährdet**

BIS
2
METER

Sie wird bis zu 2 Meter lang.

Der schlanke Körper erlaubt ihr, Bäume zu erklimmen und durch Flüsse zu schwimmen.

Die runden schwarzen Augen haben nur geringe Sehkraft.

AUGEN

E
F P
T O Z
L P E D
P E C F D

An der Spitze des Oberkiefers sitzen 2 hohle Fangzähne, mit denen die Schlange Gift in ihre Beute „einspritzt".

BIS
6
KILOGRAMM

Brillenschlangen werden bis zu 6 Kilogramm schwer. Männchen werden größer als Weibchen.

Schon eine winzige Menge Gift kann 10 Menschen oder einen Elefanten töten.

IHR GIFT IST STARK UND TÖDLICH.

Ein einziger Biss lähmt ihre Beute und führt schließlich zu Atem- und Herzstillstand.

Die auch als Indische Kobra bekannte Brillenschlange verdankt ihren Namen dem markanten Brillenmuster auf ihrem Nackenschild.

Ihre Haut besteht aus glatten Schuppen, die sich in Reihen überlappen.

Die Farbe der Schuppen reicht von Brauntönen über Grün, Grau, Gelb oder Rostrot bis hin zu Schwarz.

BRILLEN-SCHLANGE

IHR GIFT IST TÖDLICH

Systematik
Unterstamm: **Wirbeltiere**
Klasse: **Reptilien**
Ordnung: **Schuppenkriechtiere**

Bisher sind 34 verschiedene Arten der Gattung Echte Kobra bekannt.

Der Kopf ist klein, länglich und abgeflacht.

Wenn die Brillenschlange sich bedroht oder gereizt fühlt, nimmt sie eine Drohstellung ein. Dabei richtet sie das vordere Drittel ihres Körpers auf, spreizt ihren Nacken und zischt.

SIE IST EINE NACHTAKTIVE JÄGERIN.

Im Angriffsmodus spreizt sie ihren Nackenschild, attackiert ihre Beute und beißt zu. Dann wartet sie, bis das Gift seine Wirkung entfaltet.

Mit ihrer gespaltenen Zunge kann die Schlange feinste Geruchsspuren in der Luft aufnehmen. So kann sie Beute aufspüren, Fressfeinde erkennen oder Paarungspartner finden.

Das Nackenschild besteht aus einer dünnen Hautschicht, die sich um die im Halsbereich verlängerten Rippen spannt.

DANK IHRES EXTREM DEHNBAREN KIEFERS KANN SIE IHRE BEUTE IM GANZEN VERSCHLINGEN.

Im Schnitt nimmt die Brillenschlange einmal pro Woche Nahrung auf. Sie frisst Nagetiere, Kröten, Frösche, Vögel und andere Schlangen.

FORTPFLANZUNG

Das Weibchen legt

10–30

längliche weiße Eier.

Die Brutzeit der Eier beträgt je nach Umgebungstemperatur 48 bis 69 Tage.

Die sofort selbstständigen Babyschlangen messen etwa

20–30 ZENTIMETER.

Sie versteckt sich in Höhlen und Termitenhügeln, unter Steinen oder in Baumhöhlen.

VERBREITUNGSGEBIET

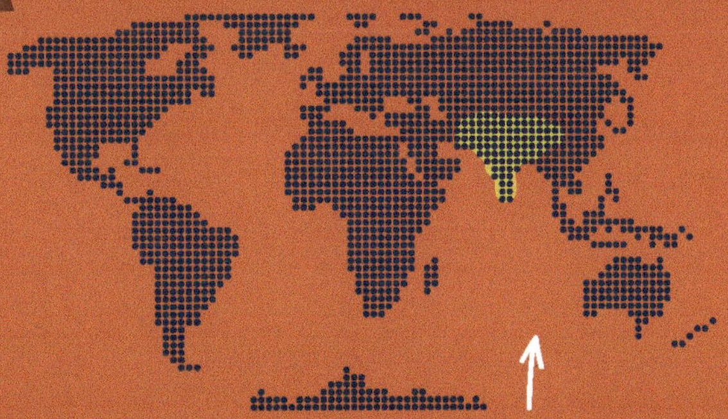

Sie kommt vor allem in Indien, Pakistan, Sri Lanka, Bangladesch, Nepal und China vor.

LEBENSERWARTUNG

BIS 25 JAHRE

Brillenschlangen werden bis zu 25 Jahre alt.

LEBENSRAUM

Offene Landschaften, Regenwälder, dichte Bergwälder und in der Nähe von Gewässern

Wissensch. Name: ***Naja naja***

Art der Ernährung: **Fleischfresser**

Lebensraum: **Land**

Gefährdung: **nicht gefährdet**

BEUTEL-TEUFEL

ER JAGT AGGRESSIV

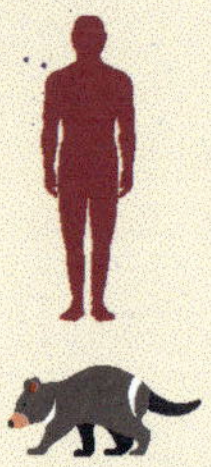

GEMESSEN AN SEINER KÖRPERGRÖSSE HAT ER DEN STÄRKSTEN BISS ALLER SÄUGETIERE.

Seinen Namen verdankt dieses auch

TASMANISCHER TEUFEL

genannte Tier seinem aggressiven Jagdverhalten und seinen Ohren, die bei Aufregung rot wie Teufelshörner werden.

Im Gesicht und am Kopf besitzt er Schnurrhaare, mit deren Hilfe er in der Dunkelheit Beutetiere oder Artgenossen aufspüren kann.

80°

Sein Maul kann er bis zu 80 Grad öffnen, um damit ganze Stücke Fleisch aus seiner Beute zu reißen oder Eier zu zermalmen.

BIS 30 ZENTIMETER

Der Beutelteufel wird bis zu 30 Zentimeter hoch.

BIS 65 ZENTIMETER

Seine Gesamtlänge erreicht bis zu 65 Zentimeter.

BIS 8 KILOGRAMM

Männchen wiegen bis zu 8 Kilogramm, Weibchen etwas weniger.

BIS 13 KM/H

Er kann 13 km/h schnell laufen.

Seine Vorderpfoten haben 5 Finger, und seine Vorderbeine sind länger als seine Hinterbeine.

Mit seinem starken Kiefer und seinen kräftigen Pfoten kann er Tiere erbeuten, die größer sind als er selbst.

Wissensch. Name: ***Sarcophilus harrisii***

Art der Ernährung: **Fleischfresser**

Lebensraum: **Land**

Gefährdung: **stark gefährdet**

Dank seines exzellenten Hör- und Geruchssinns kann er Beute schon auf 1 Kilometer Entfernung erkennen.

1 km

Wenn der Beutelteufel sich bedroht fühlt, wird er wütend, knurrt und sperrt sein Maul auf. Dabei stößt er ein markerschütterndes Geschrei aus.

Der nachtaktive Jäger legt auf der Suche nach Nahrung bis zu 16 Kilometer zurück.

16 km

AN FRESSSTELLEN VERSAMMELN SICH BIS ZU 12 TIERE.

Als Einzelgänger jagt er seine Beute vermutlich allein. Gefressen wird in Gemeinschaft.

ER HAT EINEN GEDRUNGENEN KÖRPER MIT MUSKULÖSEM HALS.

Das Fell ist dunkel mit unregelmäßigen weißen Flecken auf der Brust und dem Rücken.

Auf seinem Speiseplan stehen Aas (bereits tote Tiere), Säugetiere wie kleine Kängurus, Wombats, Schafe oder Ratten aber auch Vögel, Fische, Frösche, Insekten oder Schlangen.

Der Schwanz ist etwa halb so lang wie der Rumpf. Er dient ihm als Balancierhilfe und Fettspeicher.

Am Schwanzansatz besitzt der Beutelteufel eine Duftdrüse, mit der er sein Revier markiert.

BEI BEDROHUNG SONDERT ER EINEN ÜBELRIECHENDEN GESTANK AB.

LEBENSERWARTUNG

BIS 8 JAHRE

Der Beutelteufel kann in der Wildnis 5 und in Gefangenschaft 8 Jahre alt werden.

FORTPFLANZUNG

In der Paarungszeit kämpfen die Männchen erbittert um Weibchen.

21

DIE TRAGEZEIT IST RUND 21 TAGE.

Sie bringen 20 bis 30 Junge zur Welt. Bei der Geburt wetteifern die Winzlinge um die 4 Milchdrüsen im Beutel der Mutter.

LEDIGLICH 4 JUNGE WERDEN ÜBERLEBEN.

Die Jungen bleiben etwa 77 Tage im Beutel ihrer Mutter. Im Alter von 11 Wochen reiten sie dann auf dem Rücken der Mutter, bis sie nach 90 Tagen selbstständig laufen können.

LEBENSRAUM

Offene Landschaften mit Gebüsch, trockene Wälder, küstennahe Regionen und Außenbezirke von Ortschaften

VERBREITUNGSGEBIET

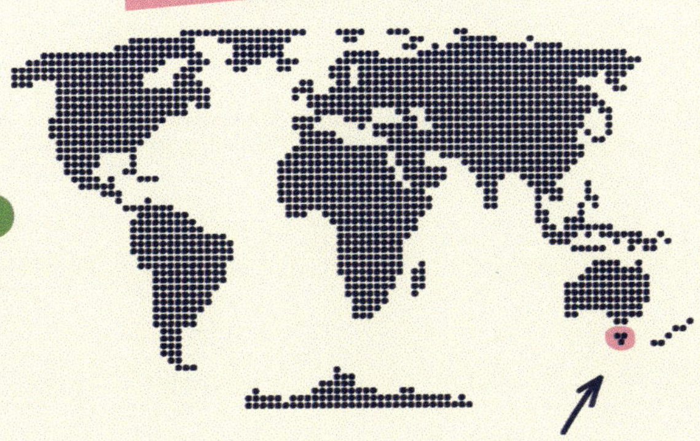

Beutelteufel leben auf der Insel Tasmanien vor der Südspitze Australiens.

Systematik

Unterstamm: **Wirbeltiere**
Klasse: **Säugetiere**
Ordnung: **Raubbeutlerartige**

ZITTERAALs

ER BETÄUBT SEINE BEUTE MIT STROM

Es gibt 3 Arten dieses schlangenförmigen Fisches mit elektrischen Organen.

ZITTERAALE KÖNNEN STROMSCHLÄGE VON BIS ZU 860 VOLT ABGEBEN.

10 Tiere

Er jagt in Gruppen von bis zu 10 Tieren.

Der Zitteraal besitzt 3 elektrische Organe, die starke Stromstöße erzeugen können:

- HAUPTORGAN
- HUNTERSCHES ORGAN
- SACHSSCHES ORGAN

BIS 20 KILOGRAMM

Er kann bis zu 20 Kilogramm schwer werden.

BIS 2,5 METER

Er wird bis zu 2,5 Meter lang.

Der Zitteraal umschlingt seine Beute, um die Wirkung seiner Stromstöße zu verdoppeln.

LEBENSRAUM

Gewässer mit steinigen oder schlammigen Böden, Bäche, Flüsse und Sümpfe

Zitteraale kreisen Fische gemeinsam ein und versetzen ihnen starke elektrische Schläge. Wenn die Fische gelähmt sind, verschlingen sie sie.

Er kann innerhalb von 2 bis 3 Millisekunden bis zu 8 Stromstöße erzeugen. Bis zu 150 sind es in einer Stunde.

VERBREITUNGSGEBIET

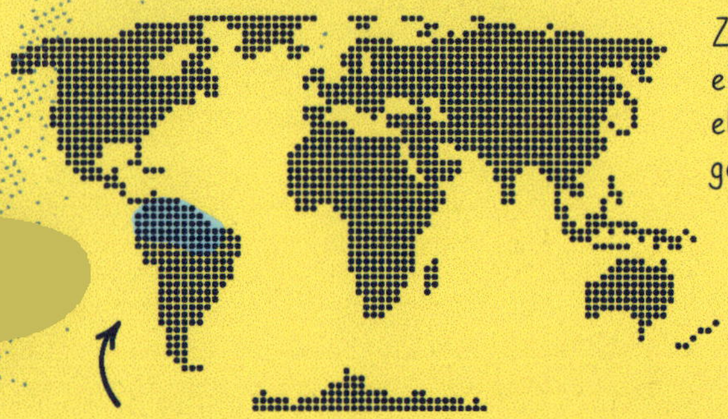

Der Zitteraal kommt im Norden Südamerikas, im Becken des Flusses Orinoco, im Becken des Amazonas und in dessen Nebenflüssen vor.

DER ZITTERAAL ERZEUGT DIE STÄRKSTEN STROMSTÖSSE IM GESAMTEN TIERREICH.

Wie alle Fische ist er in der Lage, seine Körpertemperatur der Wassertemperatur anzupassen.

DER ZITTERAAL IST EIN NACHTAKTIVER JÄGER.

BIS 22 JAHRE

LEBENSERWARTUNG

Weibchen können in Gefangenschaft über 20 Jahre alt werden, Männchen bis zu 15 Jahre.

Seine kleinen Augen haben keine gute Sehkraft, dafür hat er einen sehr feinen Geruchssinn.

Er bewegt sich mithilfe seiner Afterflosse fort.

Auf seiner Haut befinden sich bis zu 6.000 spezialisierte Zellen, die elektrische Ladung speichern können: die Elektrocyten.

Er frisst Fische, Amphibien, kleine Säugetiere und Vögel.

Die Farbe seiner Haut variiert von Grau bis Dunkelbraun auf dem Rücken und von Gelb bis Gelb-Orange am Bauch.

Der Kopf ist abgeflacht und das Maul ist breit. Der Unterkiefer ist mit einer Reihe spitzer Zähne besetzt.

Seine Haut ist schleimig und ohne Schuppen.

AFTERFLOSSE

Er hat nur eine Afterflosse, die seinen ganzen Körper entlang bis zur Schwanzspitze verläuft.

FORTPFLANZUNG

Das Männchen baut ein Nest aus Speichel und Pflanzenteilen.

Weibchen legen bis zu **17.000 EIER.**

Daraus schlüpfen bis zu 3.000 Babyaale.

Babyzitteraale fressen kleine wirbellose Tiere.

DER ZITTERAAL ERREICHT EINE GESCHWINDIGKEIT VON 8 KM/H.

Systematik

Unterstamm: **Wirbeltiere**
Klasse: **Strahlenflosser**
Ordnung: **Neuwelt-Messerfische**

Wissensch. Name: ***Electrophorus***

Art der Ernährung: **Fleischfresser**

Lebensraum: **Wasser**

Gefährdung: **nicht gefährdet**

VERBREITUNGSGEBIET

Der Panther kommt als Leopard in Afrika und Südostasien vor, als Jaguar in Mittelamerika sowie in Teilen Nord- und Südamerikas.

LEBENSRAUM

Wälder, offene Landschaften, Savannen und dicht bewachsene Regenwälder

Systematik

Unterstamm:
Wirbeltiere

Klasse:
Säugetiere

Ordnung:
Raubtiere

LEBENSERWARTUNG

ETWA 12 JAHRE

In Freiheit wird er meistens etwa 12 Jahre alt.

JAGUARE UND LEOPARDEN GEHÖREN ZU DEN 5 GROSSKATZENARTEN DER ERDE.

Selbst in der Nacht ist sein Sehvermögen exzellent.

Die Augen können grün, blau, gelb oder goldfarben sein.

Seine Pupillen können sich an alle möglichen Lichtverhältnisse anpassen.

Ein Überfluss dunkler Farbstoffe (Melanine) lässt sein Fell fast schwarz erscheinen.

Das typische Muster des Fells dient der Tarnung. Es ist so einzigartig wie ein Fingerabdruck.

BIS 90 KILOGRAMM

Ein sehr großes Exemplar kann bis zu 90 Kilogramm wiegen.

BIS 1,5 METER

Er wird bis zu 1,5 Meter lang.

BIS 80 ZENTIMETER

Die Schulterhöhe beträgt 60 bis 80 Zentimeter.

BEINE

Seine eher kurzen, muskulösen Beine haben äußerst kräftige Tatzen.

Die Krallen kann er einziehen und fährt sie nur bei Bedarf aus.

PANTHER

ER GREIFT LEISE AN

Ein Panther kann ein Leopard oder ein Jaguar sein. Das sind zwei verschiedene Arten, die sich sehr ähnlich sehen.

ER JAGT ALLEIN UND MEIST IM SCHUTZ DER DUNKELHEIT.

Der Kopf eines Leoparden ist recht klein, sein Kiefer dafür groß. In seinem Maul sitzen spitze Fangzähne, mit denen er prima Beutetiere packen kann.

Viele Stunden täglich verbringt er mit der Reinigung seines Fells, um auch kleinste verräterische Geruchsreste seiner Beute zu entfernen.

FORTPFLANZUNG

Leoparden und Jaguare sind Einzelgänger, sie treffen sich nur zur Paarung.

DIE TRAGEZEIT BETRÄGT 3 BIS 4 MONATE.

SIE BRINGEN BIS ZU 4 JUNGE ZUR WELT.

Jungtiere bleiben bis zum Alter von etwa 2 Jahren bei ihrer Mutter.

3 m

Er kann bis zu 3 Meter hoch springen.

80 km/h

Im Sprint ist ein Jaguar bis zu 80 km/h schnell, ein Leopard bis zu 60 km/h.

Seine Bewegungen sind langsam und vorsichtig.

Die dunkle Farbe ist eine perfekte Tarnung in schattigen Ecken und dunklen Wäldern.

Sie schützt außerdem vor zu starker Sonnenstrahlung.

Auf Nahrungssuche legt er Strecken von bis zu 40 Kilometern zurück.

Bei der Jagd geht er äußerst bedacht vor. Oft liegt er stundenlang auf der Lauer, bis er Beute angreift.

BIS 100 ZENTIMETER

Sein Schwanz wird 45 bis 100 Zentimeter lang.

Je nach Art frisst er Wasserschweine, Antilopen, Kaninchen, Tapire, Hirsche, Fische, Echsen und Vögel.

Leoparden klettern auf Bäume, um sich auszuruhen, auf die Lauer zu legen, in Sicherheit zu bringen oder um zu fressen.

Wissensch. Name: *Panthera onca* *Panthera pardus*

Art der Ernährung: **Fleischfresser**

Lebensraum: **Land**

Gefährdung: **gefährdet**

REIHER

SEIN SCHNABEL IST ZIELSICHER

Weltweit existieren über 60 verschiedene Arten.

BIS 2,5 KILOGRAMM

Sie wiegen 700 Gramm bis 2,5 Kilogramm.

BIS 25 JAHRE

LEBENSERWARTUNG

Graureiher können bis zu 25 Jahre alt werden.

Die meisten Reiher sind Standvögel, sie bleiben an einem Ort. Manche Arten ziehen im Winter aber auch in wärmere Regionen.

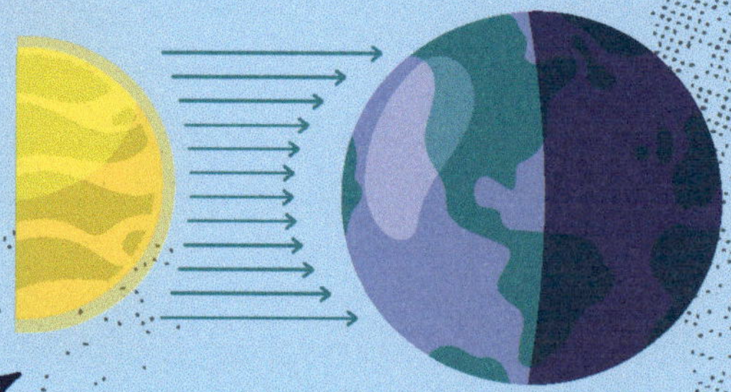

BIS 1,5 METER

Sie werden bis zu 1,5 Meter groß.

Der Schwanz ist kurz und die Flügel sind groß und breit.

BEINE

Die Beine sind dünn, lang und häufig dunkel.

BIS 2,3 METER

Je nach Art beträgt die Flügelspannweite 55 Zentimeter bis 2,3 Meter.

VERBREITUNGSGEBIET

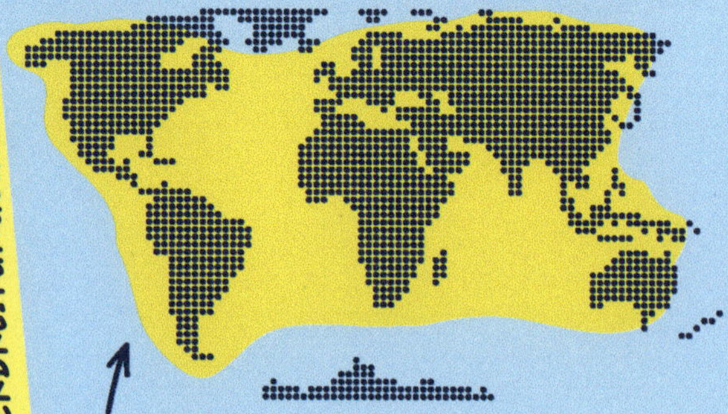

Reiher kommen auf allen Kontinenten vor, außer in der Antarktis und in arktischen Regionen.

LEBENSRAUM

Sümpfe, überschwemmte Felder, Mangroven, Meeresküsten, Ränder von Seen, Lagunen und Flüssen

Am mittleren Zeh hat er eine gezahnte Putzkralle, die ihm zum Reinigen der Federn dient.

Systematik

Unterstamm: **Wirbeltiere**
Klasse: **Vögel**
Ordnung: **Pelikanverwandte**

Wissensch. Name: ***Ardeidae***

Art der Ernährung: **Fleischfresser**

Lebensraum: **Luft**

Gefährdung: **nicht gefährdet**

EINEN GROSSTEIL DES TAGES VERBRINGT DER REIHER AM WASSER.

Seine hoch entwickelten Hör- und Tastsinne machen ihn zu einem guten Jäger.

Wenn er sich bedroht fühlt, gibt er krächzende Laute von sich.

Bei der Jagd schreitet er langsam durch das Wasser oder verharrt regungslos an einer Stelle, bis sich Beute nähert.

Sein hervorragendes Sehvermögen erlaubt es ihm, die Position von Beute auch im Wasser exakt zu bestimmen.

Der Reiher stößt mit den Füßen absichtlich gegen Pflanzen, um Fische oder Amphibien aus ihren Verstecken zu scheuchen.

Beim Fliegen biegt er seinen Hals und streckt die Beine nach hinten.

Er ist ziemlich clever: Durch Beobachtung anderer Vögel kann er seine eigene Jagdtechnik verbessern und neue Fertigkeiten lernen.

Wenn der Reiher Beute erspäht, stößt er blitzschnell zu. Sein Schnabel wird zu einer Harpune. Er verschlingt seine Beute in einem Stück.

Der s-förmige Hals des Reihers besteht aus hochbeweglichen Wirbeln.

SCHNABEL

Der Schnabel ist lang, gerade und spitz zulaufend. Er ist meist gelb oder orange.

Die Färbung des Gefieders unterscheidet sich von Art zu Art. Weit verbreitet sind Schwarz, Braun, Blau, Grau und Weiß.

Der Glockenreiher breitet seine Flügel zu einem Schirm aus, in dessen Schatten sich Fische in Sicherheit glauben. Dann stößt er zu.

Der Reiher erbeutet Fische, Amphibien, Reptilien und kleine Säugetiere.

FORTPFLANZUNG

DIE MEISTEN REIHER SIND MONOGAM.

Sein Nest platziert der Reiher stets in Wassernähe. Als Baumaterialien nutzt er Zweige und Wasserpflanzen.

Manche Reiherarten nisten allein, andere in Kolonien von Artgenossen oder unterschiedlichen Vögeln.

SIE LEGEN BIS ZU 5 EIER.

Beide Eltern wechseln sich beim Brüten ab. Die Brutzeit dauert etwa

25 Tage.

Die Küken sind anfangs fast nackt und die ersten

7 Wochen

ganz von den Eltern abhängig.

LEBENSRAUM

Wälder, Wüsten, Felder, Gärten und Wiesen

VERBREITUNGSGEBIET

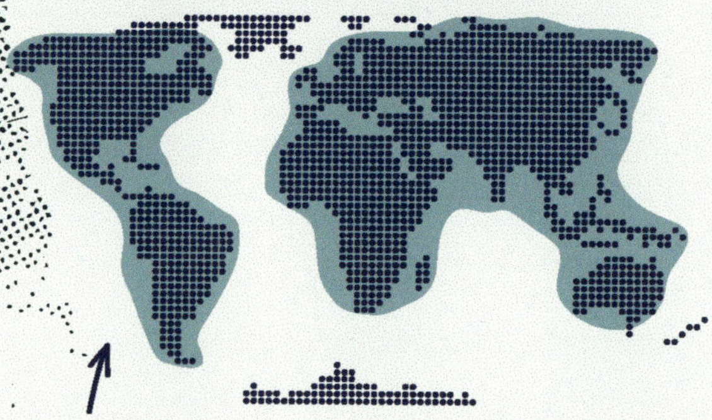

Sie kommt auf allen Kontinenten vor, mit Ausnahme der Arktis und der Antarktis. Am häufigsten ist sie in den Tropen zu finden.

SIE IST EINE LAUERJÄGERIN.

Die Gottesanbeterin verharrt regungslos mit vor der Brust gefalteten Fangarmen, während sie auf Beute lauert.

BIS 1 JAHR

LEBENSERWARTUNG

Sie wird bis zu 1 Jahr alt.

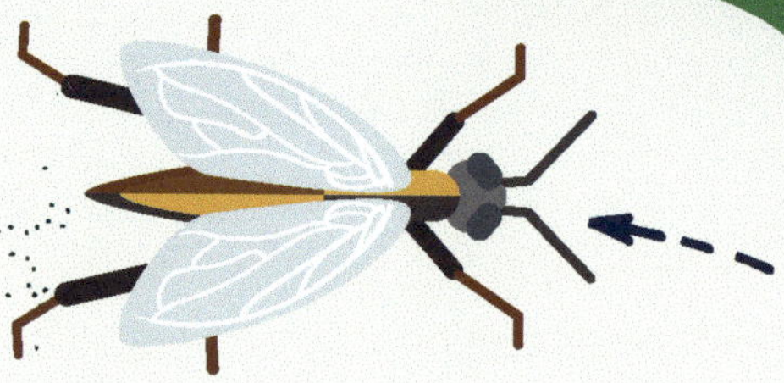

Manche Gottesanbeterinnen nutzen zur Jagd sogenannte Mimikry. Das heißt, sie imitieren beispielsweise Wespen in ihrem Aussehen und Verhalten.

BIS 8 ZENTIMETER

Gottesanbeterinnen werden meist zwischen 4 und 8 Zentimeter lang.

BIS 20 GRAMM

Im Schnitt wiegen sie 8 Gramm, maximal 20 Gramm. Weibchen sind schwerer als Männchen.

Auf ihrem Speiseplan stehen je nach Art Grillen, Fliegen, Schmetterlinge, Mäuse, Frösche, Eidechsen, Schlangen und sogar kleine Vögel.

SIE VERSTECKT SICH AUF GRÄSERN, LAUBBLÄTTERN ODER ZWEIGEN.

Die Färbung der Gottesanbeterinnen passt sich nach jeder Häutung der Umgebung an. Sie kann braun, grün, gelb oder pink sein.

GOTTES-ANBETERIN

SIE HAT STARKE FANGBEINE

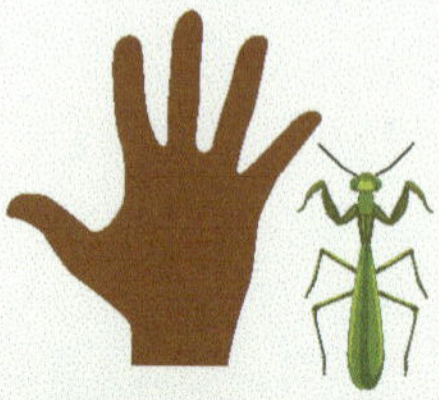

Es gibt mehr als 2.400 Arten, aufgeteilt auf 15 Familien.

Sie hat 2 Facettenaugen und 3 Punktaugen. Diese helfen bei der Wahrnehmung von:

→ LICHT → BEWEGUNG → ENTFERNUNG

SIE HAT 4 FLÜGEL.

Die Vorderflügel dienen der Tarnung und zum Schutz der empfindlichen Hinterflügel.

FORTPFLANZUNG

Nach der Paarung legt das Weibchen die Eier in einem **Oothek** genannten Kokon ab.

SIE LEGT BIS ZU 300 EIER.

Der Kokon dient dem Schutz der Eier. Diese öffnen sich nach 20 Tagen bis 6 Monaten.

Manche Weibchen sind Kannibalen. Sie fressen das Männchen nach oder sogar während der Paarung auf.

FÜHLER

Mit ihnen riecht sie und erspürt Vibrationen.

KOPF

Der Kopf hat eine dreieckige Form, die an ein Alien-Gesicht erinnert. Er ist drehbar bis zu

180°

VORDERLEIB

Sie hat nur ein einzelnes Ohr in der Mitte des Bauches, mit dem sie Ultraschalltöne ihrer Fressfeinde wahrnehmen kann.

FANGBEINE

Sie hat 6 Beine. Die vorderen Fangbeine haben spitze Dornen, die sich in die Beute bohren. Sie kann sie in nur wenigen Millisekunden einklappen.

Mit ihren Fangbeinen hält die Gottesanbeterin ihre Beute im Klammergriff, während sie sie auffrisst.

Ihre Fangbeine reagieren so schnell, dass sie sogar Fliegen im Flug erbeuten kann.

IHREN NAMEN VERDANKT DIE GOTTESANBETERIN DER HALTUNG IHRER FANGBEINE, DIE AN BETENDE HÄNDE ERINNERT.

Systematik

Unterstamm: **Sechsfüßer**
Klasse: **Insekten**
Ordnung: **Fangschrecken**

Wissensch. Name: ***Mantodea***

Art der Ernährung: **Fleischfresser**

Lebensraum: **Land**

Gefährdung: **nicht gefährdet**

SCHIMPANSE

ER FERTIGT WERKZEUGE ZUR NAHRUNGSSUCHE

Es gibt 2 Arten: den Gemeinen Schimpansen und den Bonobo. Ersteren unterscheidet man in 4 Unterarten.

Der Schimpanse ist der nächste lebende Verwandte von uns Menschen. Wir teilen mit ihm

95 %
der DNA.

Menschen und Schimpansen haben höchstwahrscheinlich einen gemeinsamen Vorfahren, der vor

7 bis 13
Millionen Jahren

lebte.

Er verfügt über eine große Vielfalt an Gesichtsausdrücken.

Schimpansen verständigen sich durch verschiedene Laute und Gesichtsausdrücke.

SIE SIND FLINKE KLETTERER.

Systematik
Unterstamm: **Wirbeltiere**
Klasse: **Säugetiere**
Ordnung: **Primaten**

Sein Körper ist von dichtem Fell bedeckt. Gesicht, Zehen, Finger, Handflächen und Fußsohlen sind unbehaart.

Die Fellfarbe variiert von Schwarz bis Dunkelbraun.

Er läuft mit allen 4 Gliedmaßen. Da er die Hände nur mit den Knöcheln aufsetzt, spricht man vom Knöchelgang.

Schimpansen gehen nur kurze Strecken aufrecht.

FORTPFLANZUNG

Die geselligen Tiere leben in großen Gruppen von

15 BIS 100 TIEREN.

Jede Gruppe hat mehrere Weibchen mit ihren Jungen und wird von einem Alphamännchen angeführt.

Die Tragezeit beträgt

8 MONATE.

Neugeborene wiegen etwa 2 Kilogramm.

Die Jungen klammern sich im Fell ihrer Mutter fest. Schimpansen stillen ihre Jungen bis zum 5. Lebensjahr.

BIS 1,7 METER

Aufrecht stehend ist er etwa 1 bis 1,7 Meter groß.

BIS 70 KILOGRAMM

Männchen wiegen 35 bis 70 Kilogramm.

BIS 50 KILOGRAMM

Weibchen wiegen etwa 25 bis 50 Kilogramm.

BIS 40 JAHRE

LEBENSERWARTUNG

Schimpansen werden bis zu 40 Jahre alt.

Schimpansen jagen in gut organisierten Gruppen. Sie verfolgen und erlegen ihre Beute gemeinsam und teilen sie dann auf.

Sie ködern Termiten mit Blättern und angeln die Insekten mit Stöcken aus ihrem Bau.

Für ihre Mittags- oder Nachtruhe bauen sie sich Nester in hohen Baumwipfeln.

Sie erbeuten Vögel, kleine Antilopen, andere Affen und sogar Schildkröten, die sie gegen Bäume schlagen, um ihre Panzer zu öffnen.

SCHIMPANSEN FERTIGEN SICH SPEERE FÜR DIE JAGD.

Die Speere spitzen sie mit ihren Zähnen an. Sie nutzen sie, um kleine Tiere zu erbeuten, die sich in Baumhöhlen verstecken.

Sie verwenden Steine, um Nüsse zu knacken, und benutzen zerkaute Laubblätter als Schwamm, um mit ihnen schwer erreichbares Wasser aufzusaugen, – zum Beispiel aus Baumhölen.

SCHIMPANSEN ZÄHLEN ZU DEN WENIGEN TIERARTEN, DIE WERKZEUGE ZUR NAHRUNGSSUCHE NUTZEN.

LEBENSRAUM

Tropische Regenwälder, Galeriewälder, Sumpfwälder und baumarme Savannen

VERBREITUNGSGEBIET

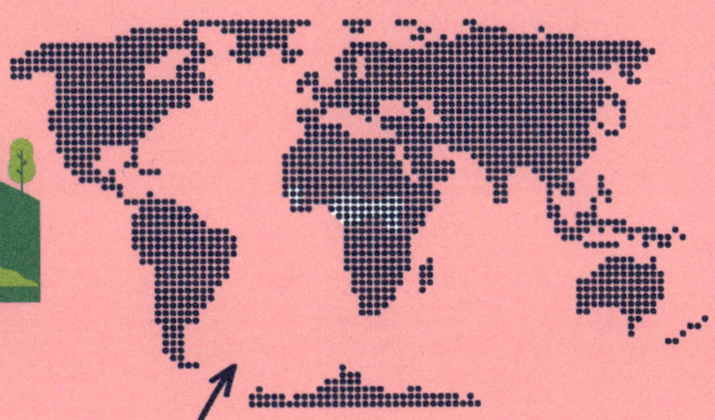

Schimpansen kommen nur in West-, Zentral- und Ostafrika vor.

Auf ihrem Speiseplan stehen Früchte, Pflanzen, Blätter, Samen, Blüten, Rinde, Baumsäfte und Wurzeln sowie Insekten, Eier und kleine Tiere.

Wissensch. Name: **Pan**

Art der Ernährung: **Allesfresser**

Lebensraum: **Land**

Gefährdung: **stark gefährdet**

Der Seehund kann bis zu 200 Meter tief tauchen und 10 bis 15 Minuten unter Wasser bleiben.

ER IST EIN EXZELLENTER SCHWIMMER.

Seine Leibspeisen sind Fische, Garnelen, Tintenfische Krebse und Weichtiere.

ER VERTILGT DURCHSCHNITTLICH 3 KILOGRAMM NAHRUNG PRO TAG.

3 KG

50 km

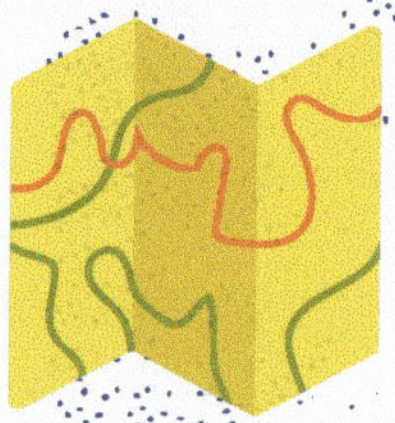

Auf Nahrungssuche legt er Strecken von bis zu 50 Kilometern zurück.

Zur Orientierung betastet er Objekte mit seinen Schnurrhaaren oder erspürt Strömungen im Wasser.

Mit seinen empfindlichen Barthaaren kann er feinste Bewegungen im Wasser fühlen und so seine Beute aufspüren.

BIS 35 JAHRE

LEBENSERWARTUNG

Seehunde können bis zu 35 Jahre alt werden.

BIS 160 KILOGRAMM

Die Tiere wiegen zwischen 60 und 160 Kilogramm. Weibchen sind etwas kleiner als Männchen.

BIS 1,8 METER

Die Körperlänge variiert zwischen Männchen und Weibchen. Meist beträgt sie 1,6 bis 1,8 Meter.

Seeleoparden sind Verwandte der Seehunde aus der Familie der Hundsrobben. Sie leben in der Antarktis und jagen dort unter anderem Pinguine.

SEELEOPARDEN HABEN MESSERSCHARFE ZÄHNE.

Dank der großen Augen kann er auch in tieferen, dunkleren Wasserschichten sehen.

FORTPFLANZUNG

Das Weibchen sucht zur Geburt einen abgelegenen, geschützten Platz auf.

DIE TRAGEZEIT BETRÄGT 9 BIS 11 MONATE.

Sie wirft ein Junges mit einem Gewicht von

8 BIS 12 KILOGRAMM.

Das Junge bleibt nur etwa 1 Monat bei der Mutter.

VERBREITUNGSGEBIET

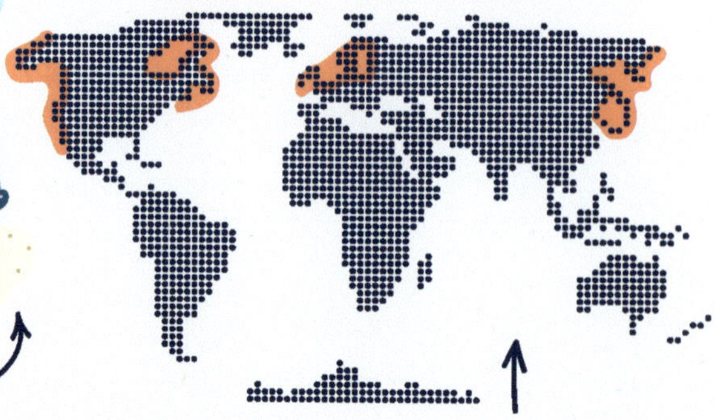

Er kommt in küstennahen Gewässern des Nordatlantiks und -pazifiks vor sowie in der Nord- und Ostsee.

LEBENSRAUM

Strände, Buchten und Flussmündungen in milden bis kalten Meeresregionen

Systematik

Unterstamm: **Wirbeltiere**
Klasse: **Säugetiere**
Ordnung: **Raubtiere**

SEEHUND

SEINE BARTHAARE WEISEN IHM DEN WEG

Es gibt über 30 Robbenarten. Sie haben alle einen ähnlichen Körperbau, leben aber in ganz verschiedenen Regionen der Erde.

DER SEEHUND ZÄHLT ZU DEN HUNDSROBBEN.

Das Fell ist kurz und dicht.

Der Kopf ist klein und die Nase ist abgeflacht und hat schlitzförmige Nasenlöcher, die wie ein V aussehen.

Mit den Vorderflossen bestimmt er den Kurs, und mit den Schwanzflossen beschleunigt er.

Er besitzt Talgdrüsen, deren Fett das Fell vor der Strahlung der Sonne schützt und zugleich wasserdicht macht.

Das bewahrt ihn davor, im Wasser auszukühlen.

Die Fellfarbe ist grau, braun oder beige. Zudem hat er Flecken, die bei keinem Tier gleich sind.

Sein stromlinienförmiger Körper ist perfekt ans Schwimmen angepasst.

Der Bauch ist heller als der Rest.

Die Vorderflossen sind flach und paddelförmig. Zwischen den 5 Zehen hat er Schwimmhäute und am Ende spitze Krallen.

Wissensch. Name: ***Phoca vitulina***

Art der Ernährung: **Fleischfresser**

Lebensraum: **Wasser**

Gefährdung: **nicht gefährdet**

RATTE

SIE HAT HOCH ENTWICKELTE SINNE

Es gibt etwa 65 Arten. Die Wanderratte und die Hausratte sind weltweit am weitesten verbreitet.

IHR GERUCHS- UND IHR GESCHMACKSSINN SIND BESONDERS AUSGEPRÄGT.

Der Mensch half ihr, sich zu verbreiten. Als blinde Passagierin auf Schiffen erreichte die Hausratte Hafenstädte rund um die Welt.

Ihr Schwanz ist ähnlich lang wie ihr Körper. Er dient ihr als Balancierhilfe bei gewagten Sprüngen.

Dank ihres exzellenten Gehörs ist sie Gefahren und Fressfeinden immer einen Schritt voraus.

DIE GROSSEN OHREN SIND HAUCHDÜNN UND ABSTEHEND.

Ihr länglicher Körper und ihr äußerst bewegliches Skelett erlauben ihr, sich auch durch kleinste Ritzen zu zwängen.

Ratten können ihre Augen unabhängig voneinander bewegen.

Die Hinterpfoten sind länger als die vorderen. Sie haben 5 Zehen.

Die kürzeren Vorderpfoten haben 4 Zehen.

Wissensch. Name: **Rattus**

Art der Ernährung: **Allesfresser**

Lebensraum: **Land und Wasser**

Gefährdung: **nicht gefährdet**

Auf Nahrungssuche wird sie zur wahren Kletterkünstlerin: Sie erklimmt selbst Wände, glitschige Rohre, dünne Zweige, Kabel oder Seile.

Als exzellente Schwimmerin erbeutet die Ratte auch kleine Fische, Krebse, Schnecken und Wasserinsekten.

RATTEN SIND GESELLIGE TIERE. SIE LEBEN IN GRUPPEN UND HABEN FESTE REVIERE.

LEBENSRAUM

Je nach Art Wälder, Wiesen, Gebirge, Felder, Wüsten mit trockenem Klima, Flussufer, menschliche Siedlungsgebiete und Häuser

WENN IHR DER MAGEN SO RICHTIG KNURRT, DANN KOMMT DAS RAUBTIER IN IHR ZUM VORSCHEIN.

Sie fängt ihre Beute mit den Vorderpfoten und tötet sie mit gezielten Bissen.

VERBREITUNGSGEBIET

Sie kommen auf der ganzen Welt vor, außer in der Arktis und Antarktis.

Ratten gehen sehr geschickt vor. Sie jagen im Rudel und können sogar Eier entwenden, ohne sie kaputt zu machen.

Die Ratte erbeutet auch Eier, Küken und schlafende Tiere.

Auf ihrem Speiseplan stehen Früchte, Nüsse, kleine Säugetiere, Reptilien, Insekten, Aas und Abfälle.

Das Fell ist samtig und weich. Die Färbung variiert von Art zu Art. Es kann grau, braun, schwarz, beige oder weiß sein.

Die Nager haben 2 kleine und 2 große Schneidezähne, die immer weiter wachsen, um die Abnutzung durch das Nagen auszugleichen.

FORTPFLANZUNG

Ratten vermehren sich bis zu
6-MAL IM JAHR.

Ihre Tragezeit beträgt etwa
23 TAGE.

Sie bekommen
4 BIS 8 JUNGE PRO WURF.

Neugeborene wiegen
4 BIS 8 GRAMM.

BIS 3 JAHRE

LEBENSERWARTUNG

Ratten können je nach Art 3 Jahre alt werden.

BIS 30 ZENTIMETER

Wanderratten können bis zu 30 Zentimeter lang werden.

BIS 500 GRAMM

Das Gewicht von Wanderratten variiert von 140 bis 500 Gramm. Weibchen sind kleiner als Männchen.

Systematik

Unterstamm: **Wirbeltiere**
Klasse: **Säugetiere**
Ordnung: **Nagetiere**

SEIN GEFIEDER SCHIMMERT IM SONNENLICHT IN VERSCHIEDENEN FARBEN.

Dadurch ist er zwischen Pflanzen und Wasser bestens getarnt.

Seine Färbung reicht von Blau über Türkis, Grau, Grün, Gelb, Orange bis hin zu Weiß.

Der schwarze Schnabel ist im Verhältnis zum Körper sehr groß.

BIS **19** ZENTIMETER

Er kann 17 bis 19 Zentimeter groß werden.

BIS **46** GRAMM

Eisvögel bringen 34 bis 46 Gramm auf die Waage.

BIS **5** JAHRE

LEBENSERWARTUNG

Der Eisvogel kann 1 bis 5 Jahre alt werden.

Seine Flügelspannweite beträgt etwa

25 cm.

MONOKULARES SEHEN (in der Luft)

Er sieht mit jedem Auge verschiedene Bilder.

BINOKULARES SEHEN (im Wasser)

Er sieht mit beiden Augen ein gemeinsames Bild.

Im Flug und von seiner Warte aus lässt er scharfe Rufe ertönen.

BEINE

Die Beine sind kurz und auffällig gefärbt.

Er berechnet punktgenau, wo er eintauchen muss, um seine Beute zu erwischen.

Da er seine Augen kaum bewegen kann, dreht er oft den Kopf, um seine Beute im Blick zu behalten.

Systematik

Unterstamm: **Wirbeltiere**
Klasse: **Vögel**
Ordnung: **Rackenvögel**

Nach dem Fang setzt er sich auf einen Ast, um seine Beute zu verschlingen.

EISVOGEL

ER JAGT IM STURZFLUG

Es gibt etwa 90 Arten, die in 3 Familien unterteilt werden: Eigentliche Eisvögel, Lieste und Fischereisvögel.

DER EISVOGEL WIRD MANCHMAL AUCH „FLIEGENDER EDELSTEIN" GENANNT.

Sein Speiseplan besteht zum Großteil aus

Fischen.

Außerdem ernährt er sich von Wasserinsekten, Reptilien (zum Beispiel Schlangen), Amphibien, Schalentieren und kleinen Säugetieren.

EISVÖGEL ZIEHEN IM SOMMER UMHER, UM EIN REVIER FÜR DEN WINTER ZU FINDEN.

Die Männchen zieht es weniger weit weg als die Weibchen.

FORTPFLANZUNG

Der Vogel gräbt seine Bruthöhlen an steilen Uferböschungen.

Die Höhle ist bis zu 2 Meter lang und beherbergt

6 BIS 7 EIER.

Die Brutzeit beträgt 19 bis 21 Tage. Nach 23 bis 27 Tagen im Nest sind die Jungen bereit, auszufliegen.

Er kann in der Luft auf der Stelle schweben, um sich im perfekten Moment auf seine Beute herabzustürzen.

ZUR JAGD SUCHT ER SICH EINE SITZWARTE AUF EINEM AST ÜBER DEM WASSER, VON DEM AUS ER GUT FISCHE AUSSPÄHEN UND ERBEUTEN KANN.

LEBENSRAUM

An Bächen und Flüssen, Sümpfen, Teichen, Stauseen, Lagunen, Seen, Flussmündungen und sogar an Meeresküsten

VERBREITUNGSGEBIET

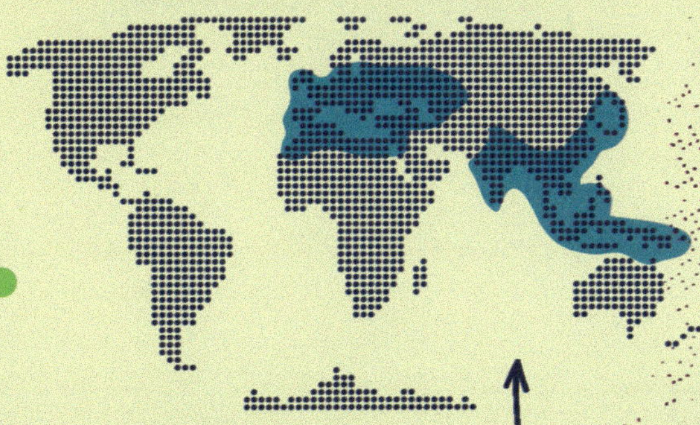

Eisvögel kommen in Europa, Afrika, und Asien vor.

Wissensch. Name: ***Alcedo atthis***

Art der Ernährung: **Allesfresser**

Lebensraum: **Luft**

Gefährdung: **nicht gefährdet**

LIBELLE

IHRE ERFOLGSQUOTE IST UNSCHLAGBAR

320 MILLIONEN JAHRE

Das älteste Fossil einer Libelle stammt aus dem Zeitalter des Karbon und ist etwa 320 Millionen Jahre alt.

Es gibt über 6.400 Arten.

Mit ihren kräftigen Mandibeln (Mundwerkzeugen) zermalmt sie ihre Beute.

DANK IHRER FACETTENAUGEN HAT SIE EINEN HERVORRAGENDEN RUNDUMBLICK.

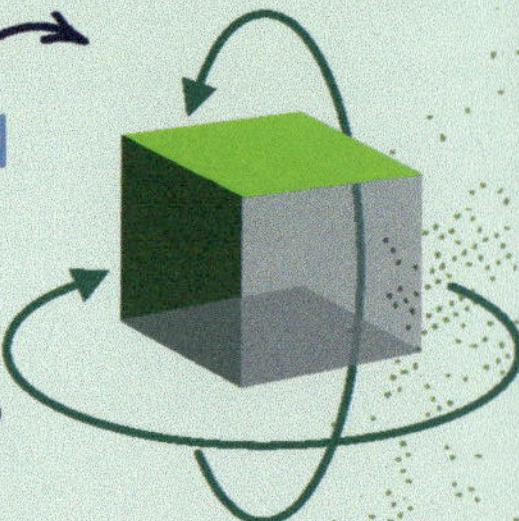

FLÜGEL →

Ihre länglichen Flügel sind hauchdünn, aber hoch belastbar.

BEINE

Sie hat 6 Beine, die mit Dornen besetzt sind.

80%

Gut 80 Prozent ihres Gehirns sind allein für die Verarbeitung der Seheindrücke zuständig.

Die Libelle kann ihre Flügel unabhängig voneinander drehen und so ihre Geschwindigkeit und Flugrichtung ändern.

KÖRPER →

Ihr Körper ist hart und starr.

SIE KANN BEUTE AUS BIS ZU 12 METERN ENTFERNUNG SEHEN.

VERBREITUNGSGEBIET

Libellen kommen auf allen Kontinenten mit warmem oder gemäßigtem Klima vor.

LEBENSRAUM

In der Nähe von Seen, Flüssen, Teichen und Lagunen, in Sümpfen und in Feuchtgebieten

Es gibt sie in unterschiedlichsten Farben: Blau, Grün, Gelb, Lila, Braun und Schwarz.

Systematik

Unterstamm: **Sechsfüßer**
Klasse: **Insekten**
Ordnung: **Libellen**

FAST 95 PROZENT IHRER ANGRIFFE AUF BEUTE SIND ERFOLGREICH.

Diese Insekten verstehen es meisterhaft, andere Insekten durch abrupte Flugmanöver zu täuschen.

BIS 7 JAHRE

LEBENSERWARTUNG

Libellen werden 3 Monate bis 7 Jahre alt.

Die Spannweite ihrer Flügel beträgt je nach Art

2 bis 15 cm.

Im Flug erreicht sie Geschwindigkeiten von bis zu 85 km/h.

Libellen können schlagartig ihre Flugrichtung ändern, auf der Stelle schweben, rückwärts fliegen und atemberaubend schnelle Kurven ziehen.

BIS 12 ZENTIMETER

Ihre Größe variiert von 3 bis 12 Zentimeter.

BIS 1.100 MILLIGRAMM

Libellen wiegen nur etwa 20 bis 1.100 Milligramm.

Ihr Kopf und ihr Körper bewegen sich unabhängig voneinander.

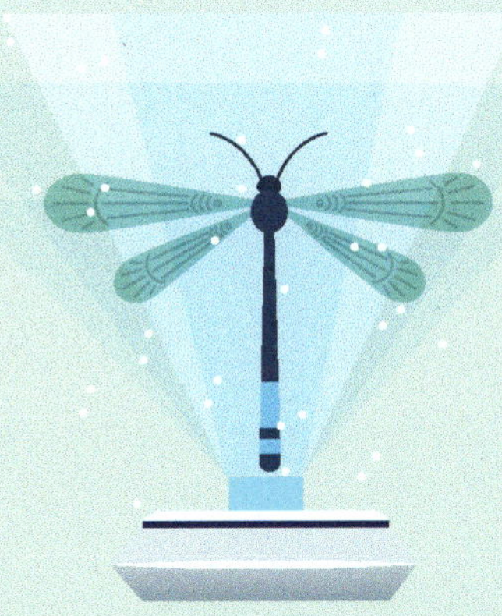

Der Trick der Libelle ist, für ihre Beute unbeweglich zu erscheinen, um dann blitzschnell anzugreifen.

DIE NIMMERSATTEN JÄGER HELFEN, DIE ZAHL DER MÜCKEN IM ZAUM ZU HALTEN.

Sie frisst Mücken, Fliegen, Bienen oder auch Schmetterlinge.

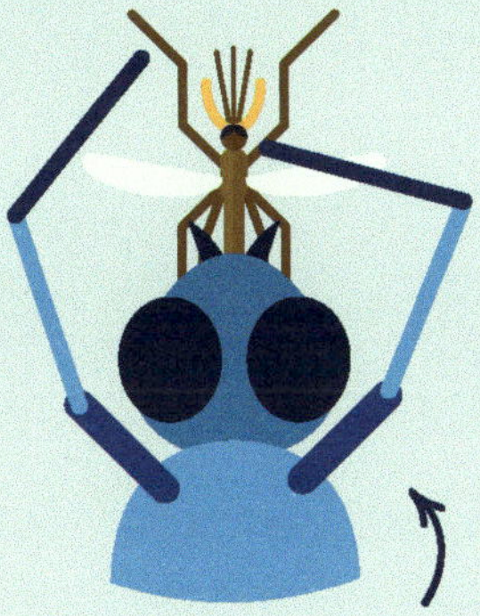

Die Libelle nähert sich ihrer Beute von hinten und packt sie dann mit ihrer Fangmaske.

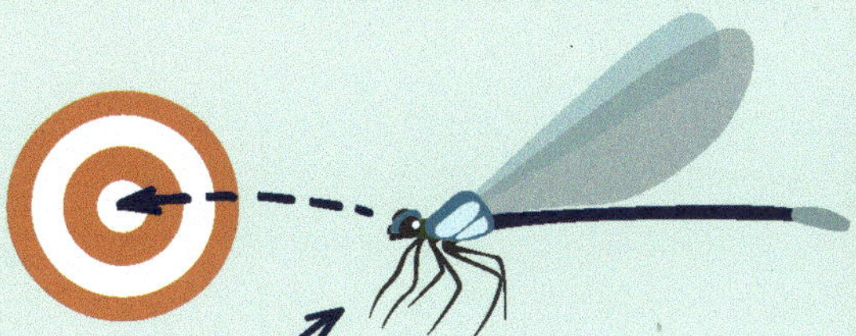

Die Augen behalten die Beute selbst während akrobatischer Flugmanöver stets fest im Blick, um den perfekten Anflugwinkel zu bestimmen.

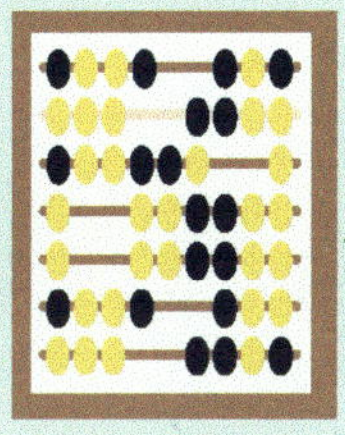

Die intelligenten Insekten können lernen, ihre Jagdtechnik zu verbessern.

FORTPFLANZUNG

Das Weibchen legt seine Eier im Wasser oder an Wasserpflanzen ab. →

→ Aus den Eiern schlüpfen Larven, die sich von Mückenlarven ernähren.

→ Dieses Entwicklungsstadium dauert je nach Art **2 MONATE BIS 5 JAHRE.**

→ Die Larve durchläuft schließlich eine Metamorphose zum ausgewachsenen Insekt und beginnt zu fliegen.

Wissensch. Name: ***Odonata***

Art der Ernährung: **Fleischfresser**

Lebensraum: **Luft**

Gefährdung: **nicht gefährdet**

SCHWERT-FISCH

ER BETÄUBT BEUTE MIT EINEM SCHWERTHIEB

BIS 16 JAHRE

LEBENSERWARTUNG
Der bisher älteste Schwertfisch wurde 16 Jahre alt.

BIS 3 METER

Seine Länge beträgt durchschnittlich 2 bis 3 Meter.

BIS 650 KILOGRAMM

Der bisher schwerste gewogene Schwertfisch brachte 650 Kilogramm auf die Waage.

WECHSELWARM
Seine Körpertemperatur hängt von der Umgebungstemperatur ab.

GLEICHWARM
Die Temperatur einiger Organe kann er aber selbst regulieren.

Tagsüber hält er sich in tiefen Bereichen des Meeres auf, nachts hingegen schwimmt er näher an die Wasseroberfläche.

Er jagt meistens in Tiefen von
200–800 M

RÜCKEN-FLOSSE

ROSTRUM

SEIN OBERKIEFER IST SCHWERTFÖRMIG VERLÄNGERT.

Der Rücken ist bläulich gefärbt und der Bauch silbergrau bis hellbraun.

BRUSTFLOSSEN

100 KM/H
Er erreicht Geschwindigkeiten von bis zu 100 km/h.

Im Pazifik lebende Exemplare werden größer als jene im Atlantischen Ozean oder im Mittelmeer.

Systematik
Unterstamm: **Wirbeltiere**
Klasse: **Strahlenflosser**
Ordnung: **Barschartige**

Der Schwertfisch kann so stark beschleunigen, dass er sogar aus dem Wasser springen kann.

ER IST EIN SCHNELLER UND AKTIVER RAUBFISCH.

Sein Rostrum setzt er als Waffe ein, um Beute anzugreifen.

Er ist ein Einzelgänger. Auf Nahrungssuche pendelt er zwischen warmen und kalten Wasserschichten.

Fische verschlingt er im Ganzen oder zerteilt sie vorher, wenn nötig.

Er umkreist Fischschwärme und schlägt mit seinem Schwert zu, um die Tiere zu betäuben, bevor er sie frisst.

KLEINE RÜCKENFLOSSE

SCHWANZFLOSSE

AFTERFLOSSEN

Auf seinem Speiseplan stehen Schwarmfische wie Barrakudas, Seehechte und Thunfische oder Kalmare und Krustentiere.

Sein Körper ist länglich, rund wie ein Zylinder und spitz zulaufend.

VERBREITUNGSGEBIET

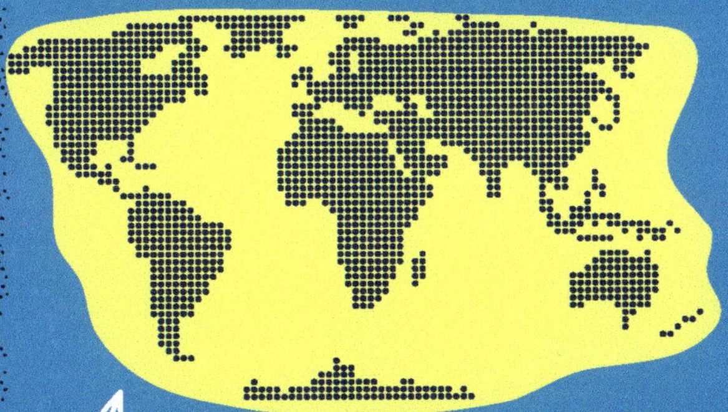

Er kommt in allen Ozeanen der Erde vor.

LEBENSRAUM

Offene Meere, bevorzugt tropische, subtropische und gemäßigte Ozeane

FORTPFLANZUNG

EIERLEGEND

Zur Paarung zieht er in warme Gewässer.

Nachdem das Weibchen gelaicht hat (also die Eier abgelegt hat), befruchtet das Männchen die Eier.

Beim Schlüpfen sind Schwertfische nur

4 MILLIMETER LANG.

Beim Wachsen wird ihr Körper immer länglicher.

Wissensch. Name:	*Xiphias gladius*
Art der Ernährung:	**Fleischfresser**
Lebensraum:	**Wasser**
Gefährdung:	**gefährdet**

KOLKRABE

ER PASST SICH GESCHICKT DER LAGE AN

Zur Gattung der Raben und Krähen (*Corvus*) gehören über 40 Arten. Sie unterscheiden sich in Größe, Aussehen und Art der Verständigung voneinander.

SCHNABEL
Sein schwarzer Schnabel ist leicht gekrümmt, kräftig und sehr robust.

Erwachsene Tiere haben braune Augen, bei Jungtieren sind sie graublau.

Das „kohlrabenschwarze" Gefieder schimmert im Licht metallisch.

BIS 70 ZENTIMETER

Im Schnitt wird er 50 bis 70 Zentimeter lang.

BIS 15 JAHRE

LEBENSERWARTUNG
Der Kolkrabe kann 10 bis 15 Jahre alt werden.

Das Federkleid der ausgestorbenen Unterart Weißbunter Rabe war an Bauch und Kopf weiß bis grau.

Raben, die in kalten Gegenden leben, werden größer als ihre Artgenossen in warmen Regionen.

DIE SCHWANZFEDERN SIND AM LÄNGSTEN.

BIS 2 KILOGRAMM

Der Vogel erreicht ein Gewicht von 700 Gramm bis 2 Kilogramm.

SEINE FLÜGELSPANNWEITE BETRÄGT
115 bis 130 cm.

Systematik
Unterstamm: **Wirbeltiere**
Klasse: **Vögel**
Ordnung: **Sperlingsvögel**

DAS GEHIRN DES RABEN IST EINES DER GRÖSSTEN IM REICH DER VÖGEL.

ER IST ÜBERAUS INTELLIGENT.

Die Vögel können Freundschaften entwickeln, sich unterhalten, Steine und Zweige als Werkzeuge nutzen, sich genau an Angreifer erinnern, Aufgaben lösen und sogar trauern.

Er ist in der Lage, Laute und Rufe anderer Vögel zu imitieren – und sogar einzelne Worte.

Bei Bedrohung stößt er seine typischen Krächzrufe aus.

KRAA, KRAA!

Raben sind soziale Tiere, die Familienverbände bilden. Zum Schlafen versammeln sie sich in Schwärmen von bis zu

200 Tieren.

AN KALTEN TAGEN FRISST ER MEHR ALS AN WARMEN.

Raben können bei der Jagd in Paaren zusammenarbeiten, um Beutetiere aus deren Versteck zu locken.

Er kundschaftet die Umgebung der Beute aus, um herauszufinden, ob er sie leicht abtransportieren kann.

Der Rabe frisst alles Mögliche, von Aas über kleine Säugetiere, Amphibien, Vögel, Eier, Jungvögel, Samen und Früchte bis hin zu Abfällen.

Er macht sich das Leben leicht und frisst das, was er gerade findet.

VERBREITUNGSGEBIET

Er kommt in Nord- und Mittelamerika, Europa und großen Teilen Asiens sowie in Nordafrika vor.

LEBENSRAUM

Gebirge, Wälder, felsige Küsten, Tundren, Halbwüsten, ländliche Gegenden und menschliche Siedlungsgebiete

FORTPFLANZUNG

Raben leben monogam. Männchen und Weibchen nutzen ihre Nester meist mehrfach.

Das Weibchen legt 3 bis 7 Eier. Die Brutzeit beträgt 21 Tage.

Jungraben verlassen das Nest

5-6 WOCHEN

nach dem Schlüpfen.

Wissensch. Name: ***Corvus corax***

Art der Ernährung: **Allesfresser**

Lebensraum: **Luft**

Gefährdung: **nicht gefährdet**

SEE-OTTER

ER JAGT BEIM TAUCHEN

Es gibt 3 Unterarten, die unterschiedliche Verbreitungsgebiete haben.

Der Seeotter erzeugt einen intensiven Geruch, wenn er sich erschreckt.

Neben dem Küstenotter ist er die einzige Otterart, die im Meer lebt.

Das Fell ist nussbraun mit hell abgesetzten Stellen am Bauch.

SEIN EXTREM DICHTES FELL IST WASSERUNDURCHLÄSSIG.

Winzige Luftbläschen zwischen den Haaren halten die Kälte von der Haut fern.

BIS 20 JAHRE

LEBENSERWARTUNG

Seeotter können 15 bis 20 Jahre alt werden.

BIS 1,5 METER

Seine Länge beträgt 1,2 bis 1,5 Meter.

BIS 45 KILOGRAMM

Er wird 14 bis 45 Kilogramm schwer.

Die Weibchen sind kleiner als die Männchen.

Der Otter hat einen langen, muskulösen Körper und kurze Beine.

BIS 45 METER

Auf Beutefang kann er bis zu 45 Meter tief tauchen.

Systematik
Unterstamm: **Wirbeltiere**
Klasse: **Säugetiere**
Ordnung: **Raubtiere**

9 km/h

Er schwimmt bis zu 9 km/h schnell.

LEBENSRAUM

Felsige Meeresküsten, Riffe, Flachwasser mit Seetang und Küstengewässer mit einer Tiefe zwischen 15 und 23 Metern

VERBREITUNGSGEBIET

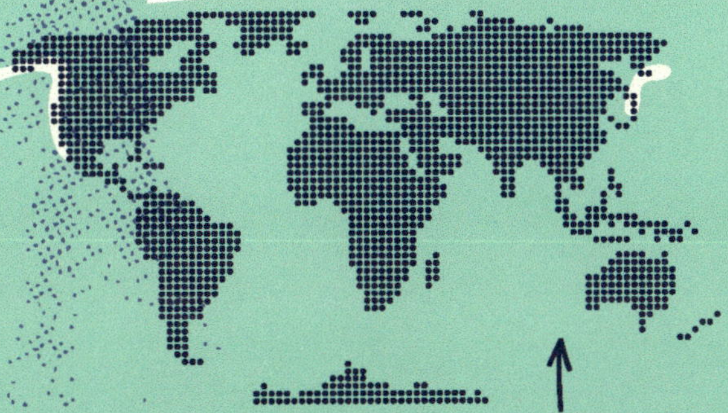

Der Seeotter lebt an den Küsten des Nordpazifiks von Japan bis Kalifornien.

FORTPFLANZUNG

Nach erfolgreicher Paarung dauert die Tragezeit

6–9 MONATE.

Otter bringen ein Junges zur Welt, das **4–12 MONATE** bei der Mutter bleibt.

BEIM JAGEN KANN ER BIS ZU 5 MINUTEN AM STÜCK TAUCHEN.

100 Tiere

Er hält sich in Küstennähe auf und bildet Gruppen von bis zu 100 Tieren. Zum Schlafen wickelt er sich in Seetang, um nicht von der Strömung abgetrieben zu werden.

Er nutzt Steine als Werkzeug, um Krebse oder Muscheln zu öffnen.

Die Haut des Seeotters bildet Falten und Taschen, in denen er Nahrung aufbewahren kann.

Das Fell des Seeotters ist das dichteste aller Säugetiere. Er hat etwa

150.000 HAARE PRO QUADRATZENTIMETER.

Er treibt gerne in Rückenlage auf dem Wasser, paddelt dabei mit den Füßen und steuert mit dem Schwanz.

Er frisst gern Weich- und Krebstiere, kleine Fische, Muscheln, Seeigel, Schnecken, und Seesterne.

FÜSSE

Jeder Fuß hat 5 Zehen mit spitzen Krallen und Schwimmhäuten, dank derer er schnell schwimmen kann.

SCHWANZ

Der Schwanz ist kurz, abgeflacht und kräftig.

Er verbringt fast sein ganzes Leben im Wasser.

Wissensch. Name: ***Enhydra lutris***

Art der Ernährung: **Fleischfresser**

Lebensraum: **Wasser**

Gefährdung: **stark gefährdet**

VERBREITUNGSGEBIET

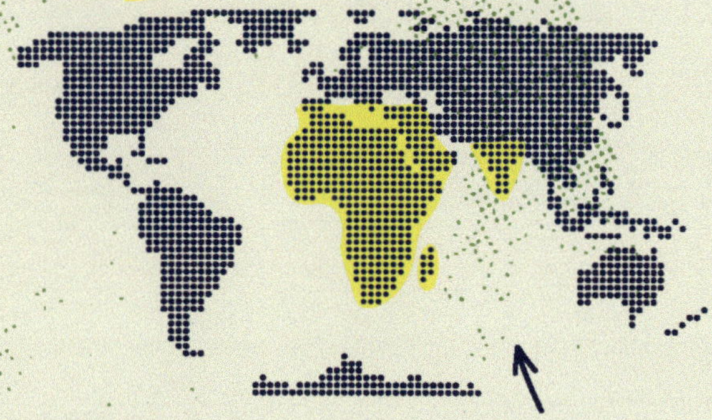

Chamäleons leben in Afrika, auf Madagaskar, in Südeuropa, Sri Lanka und Südindien.

LEBENSRAUM

Wälder und Regenwälder, Gebirge, Wüsten und Steppen

Es gibt Fossilien von Chamäleons, die 13 bis 23 Millionen Jahre alt sind.

Es hat keine Ohren mit Ohrmuschel und kann deshalb nur tiefe Frequenzen hören.

1km

Das Chamäleon kann bis zu 1 Kilometer weit sehen.

DIE AUGEN BEWEGEN SICH UNABHÄNGIG VONEINANDER. SO KANN ES GLEICHZEITIG SEINE GESAMTE UMGEBUNG UND BESTIMMTE DETAILS SEHEN.

Die Stirn kann mit einem Horn, einem Kamm oder Höckern geschmückt sein.

Seine Füße bieten ihm besten Halt, um Bäume zu erklimmen.

BIS 70 ZENTIMETER

Je nach Art wird es zwischen 22,2 Millimeter und 70 Zentimeter lang.

BIS 500 GRAMM

Sein Gewicht kann bis zu 500 Gramm erreichen.

Die Männchen sind größer und auffälliger als die Weibchen.

BIS 15 JAHRE

LEBENSERWARTUNG

Chamäleons können bis zu 15 Jahre alt werden.

DIE VORDERFÜSSE

haben 2 Greifzangen mit 2 äußeren Zehen und 3 inneren Zehen.

DIE HINTERFÜSSE

haben 2 Greifzangen mit 3 äußeren Zehen und 2 inneren Zehen.

CHAMÄLEON

ES HAT EINE SCHLEUDERZUNGE

Bisher sind etwa 200 Arten bekannt.

ETWA 40 PROZENT DAVON LEBEN NUR AUF DER INSEL MADAGASKAR.

Die Haut ist von festen Schuppen bedeckt, die ihre Farbe wechseln können.

IN WENIGEN SEKUNDEN

Es kann seine Farbe in weniger als 30 Sekunden wechseln. Das dient vor allem zur

VERSTÄNDIGUNG, VERTEIDIGUNG, PARTNERSUCHE UND EINSCHÜCHTERUNG.

Systematik

Unterstamm: **Wirbeltiere**
Klasse: **Reptilien**
Ordnung: **Schuppenkriechtiere**

Es bewegt sich so langsam wie in Zeitlupe.

Die Zungenspitze ist wie ein Saugnapf gebaut, der an der Beute kleben bleibt.

In nur 20 Millisekunden schnellt die Zunge heraus und fängt die Beute.

DIE KLEBRIGE ZUNGE KANN SICH WEITER DEHNEN ALS DER KÖRPER LANG IST.

Auf Beutefang verharrt es regungslos. Nähert sich Beute, schleicht das Chamäleon heran und schleudert seine Zunge heraus.

Der Greifschwanz ist stark genug, um sein gesamtes Gewicht zu halten.

Um für Fressfeinde größer zu wirken, krümmt es seinen Rücken, plustert den Kehlsack auf und rollt den Schwanz ein.

Das Chamäleon ernährt sich je nach Art von Insekten, kleinen Säugetieren, Vögeln, Sprossen, Blüten und Früchten.

FORTPFLANZUNG

ES LEGT EIER.

Je nach Art legt es **2 BIS 85 EIER.**

Das Weibchen legt die Eier in eine selbst gegrabene Erdhöhle.

Die Brutzeit beträgt meistens 4 bis 12 Monate.

Wissensch. Name: ***Chamaeleonidae***

Art der Ernährung: **Allesfresser**

Lebensraum: **Land**

Gefährdung: **stark gefährdet**

WEITERE TIERE AUF DER JAGD

Das Leben in freier Wildbahn ist ein ständiger Kampf ums Überleben. Trotzdem sind alle Lebewesen in einem Ökosystem voneinander abhängig: Zum Beispiel werden Pflanzenblätter von Raupen gefressen. Raupen wiederum stehen auf dem Speiseplan von Fröschen, und Frösche werden von Greifvögeln wie dem Adler gefressen. Keins der Tiere könnte also ohne die anderen oder ohne Pflanzen überleben.

In der Tierwelt gibt es verschiedenste Jagdmethoden und oft werden sogar mehrere gleichzeitig angewandt:

Fallen / Köder / Tarnung:
Manche Räuber bauen Fallen, die von Beutetieren nicht bemerkt werden sollen. Andere verwenden Köder, um ihre Beute in einen Hinterhalt zu locken. Sie nutzen auch Methoden der Tarnung, um sich in der Umgebung fast unsichtbar zu machen.

Einzeln / in der Gruppe:
Einzelgängerisch lebende Räuber gehen meistens auch allein auf Jagd und haben ihre Jagdtechnik entsprechend perfektioniert. Räuber, die in Gruppen jagen, sind hingegen oft sehr soziale Tiere. Sie organisieren sich, um ihre Beute möglichst erfolgreich in die Enge zu treiben.

Lauerjagd / Hetzjagd:
Räuber, die sich auf die Lauer legen, sparen Energie, denn sie warten geduldig in der Deckung, bis sich Beute nähert. Sie fangen ihre Beute, indem sie diese überraschen. Hetzjäger hingegen jagen ihrer Beute aktiv hinterher, bis zu deren Erschöpfung.

Am Boden / im Flug:
Vögel, die am Boden jagen, warten meist darauf, dass ihre Beute sich bewegt, um sich dann auf sie zu stürzen. Vögel, die im Flug jagen, sehen ihre Beute schon lange vorher von oben und können so in Ruhe den richtigen Moment zum Angriff abpassen.

HIER ERFÄHRST DU MEHR:

Museum für Naturkunde Berlin
museumfuernaturkunde.berlin/de/museum/bildung/fuernatur-digital-angebote-fuer-familien-und-kinder

GEOlino, Tierlexikon
geo.de/geolino/tierlexikon

Stiftung Deutsches Meeresmuseum, Kinderseite
kindermeer.de

Rote Liste gefährdeter Arten
iucnredlist.org

Tiere, die zum Überleben andere Tiere (Beutetiere) jagen und fressen, nennt man Prädator oder Räuber. Viele Tiere sind durch diese Räuber-Beute-Beziehung eng miteinander verbunden.

WWF Deutschland
wwf.de

Bundesamt für Naturschutz, Naturdetektive
naturdetektive.bfn.de

Naturschutzjugend (NAJU) des Naturschutzbunds Deutschland (NABU)
nabu.de

Greenpeace Kids
greenpeace.de/engagieren/kids